丛书主编

郑毅

文库

吉林纪略·四
吉林地理纪要

魏声和 编著

刘第谦 整理

吉林文史出版社

图书在版编目（CIP）数据

吉林纪略.四,吉林地理纪要 / 魏声和编著；刘第谦整理. -- 长春：吉林文史出版社,2021.1

（长白文库）

ISBN 978-7-5472-7577-1

Ⅰ.①吉… Ⅱ.①魏… ②刘… Ⅲ.①地理－吉林 Ⅳ.①K293.4

中国版本图书馆CIP数据核字(2020)第254627号

吉 林 纪 略 · 四 　 吉 林 地 理 纪 要

JILIN JILÜE SI JILIN DILI JIYAO

出品人：张　强

编　著：魏声和

整　理：刘第谦

丛书主编：郑　毅

本版校注：赵太和

责任编辑：程　明　戚　晔

装帧设计：尤　蕾

出版发行：吉林文史出版社有限责任公司

电　话：0431-81629369

地　址：长春市福祉大路出版集团A座

邮　编：130117

网　址：www.jlws.com.cn

印　刷：吉林省优视印务有限公司

开　本：170mm×240mm　1/16

印　张：12.25

字　数：110千字

版　次：2021年1月第1版　2021年1月第1次印刷

书　号：ISBN 978-7-5472-7577-1

定　价：118.00元

《长白文库》编委会

（排名不分先后）

《长白文库》总序

中华优秀传统文化是中华民族的"根"和"魂"，习近平总书记高度重视中华优秀传统文化，并将其作为治国理政的重要思想文化资源。"不忘本来才能开辟未来，善于继承才能更好创新。""优秀传统文化是一个国家、一个民族传承和发展的根本，如果丢掉了，就割断了精神命脉。"中华优秀传统文化具有多样性和地域性等特征，东北地域文化是多元一体的中华文化中的重要组成部分。吉林省地处东北地区中部，是中华民族世代生存融合的重要地区，素有"白山松水"之美誉，肃慎、扶余、东胡、高句丽、契丹、女真、汉族、满族、蒙古族等诸多族群自古繁衍生息于此，创造出多种极具地域特征的绚烂多姿的地方文化。为了"弘扬地方文化，开发乡邦文献"，自20世纪80年代起，原吉林师范学院李澍田先生积极响应陈云同志倡导古籍整理的号召，应东北地区方志编修之急，服务于东北地方史研究的热潮，遍访国内百余家图书馆寻书求籍，审慎筛选具有代表性的著述文典300余种，编撰校订出版以《长白丛书》（以下简称《丛书》）为名的大型东北地方文献丛书，迄今已近40载。历经李澍田先生、刁书仁和郑毅两位教授三任丛书主编，数十位古籍所前辈和同人青灯黄卷、兀兀穷年，诸多省内外专家学者的鼎力支持，《丛书》迄今已共计整理出版了110部5000余万字。《丛书》以"长白"为名，"在清代中叶以来，吉林省疆域迭有变迁，而长白山钟灵毓秀，蔚然耸立，为吉林名山，从历史上看，不咸山于《山海经·大荒北经》中也有明确记录，把长白山当作吉林的象征，这是合情合理的。"（《长白丛书》初版陈连庆先生序）

1983年吉林师范学院古籍研究所（室）成立，作为吉林省古籍整理与研究协作组常设机构和丛书的编务机构，李澍田先生出任所长。全国高校古籍整理工作委员会、吉林省教委和省财政厅都给予了该项目一定的支持。李澍田先生是《丛书》的创始人，他的学术生涯就是《丛书》的创业史。《丛书》能够在国内外学界有如此大的影响力，与李澍田先生的敬业精神和艰辛努力是分不开的。《丛书》创办之始，李澍田先生"邀集吉、长各地的中青年同志，乃至吉林的一些老同志，群策群力，分工合作"（初版陈序），寻访底本，夙兴夜寐逐字校勘，联络印刷单位、寻找合作方，因经常有生僻古字，先生不得不亲自到车间与排版工人拼字铸模；吉林文史出版社于永玉先生作为《丛书》的第一任责编，殚精竭虑地付出了很多努力，为《丛书》的完成出版做出了突出贡献；原古籍所衣兴国等诸位前辈同人在辅助李澍田先生编印《丛书》的过程中，一道解决了遇到的诸多问题、排除了诸多困难，是《丛书》草创时期的重要参与者。《丛书》自20世纪80年代出版发行以来，经历了铅字排版印刷、激光照排印刷、数字化出版等多个时期，《丛书》本身也称得上是改革开放以来中国印刷史的见证。由于《丛书》不同卷册在出版发行的不同历史时期，投入的人力、财力受当时的条件所限，每一种图书的质量都不同程度留有遗憾，且印数多则千册、少则数百册，历经数十年的流布与交换，有些图书可谓一册难求。

　　1994 年，李澍田先生年逾花甲，功成身退，由刁书仁教授继任《丛书》主编。刁书仁教授"萧规曹随"，延续了《丛书》的出版生命，在经费拮据、古籍整理热潮消退、社会关注度降低的情况下，多方呼吁，破解困局，使得《丛书》得以继续出版，文化品牌得以保存，其功不可没。1999 年原吉林师范学院、吉林医学院、吉林林学院和吉林电气化高等专科学校合并组建为北华大学，首任校长于庚蒲教授力主保留古籍所作为北华大学处级建制科研单位，使得《丛书》的学术研究成果得以延续保存。依托北华大学古籍所发展形成的专门史学科被学校确定为四个重点建设学科之一，在东北边疆史地研究、东北民族史研究方面形成了北华大学的特色与优势。

　　2002 年，刁书仁教授调至扬州大学工作，笔者当时正担任北华大学图书馆馆长，在北华大学的委托和古籍所同人的希冀下，本人兼任古籍所所长、《丛书》主编。在北华大学的鼎力支持下，为了适应新时期形势的发展，出于拓展古籍研究所研究领域、繁荣学术文化、有利于学术交流以及人才培养工作的实际需要，原古籍研究所改建为东亚历史与文献研究中心，在保持原古籍整理与研究的学术专长的同时，中心将学术研究的视野和交流渠道拓展至东亚地域范围。同时，为努力保持《丛书》的出版规模，我们以出文献精品、重学术研究成果为工作方针，确保《丛书》学术研究成果的传承与延续。

在全方位、深层次挖掘和研究的基础上，整套《丛书》整理与研究成果斐然。《丛书》分为文献整理与东亚文化研究两大系列，内容包括史料、方志、档案、人物、诗词、满学、农学、边疆、民俗、金石、地理、专题论集 12 个子系列。《丛书》问世后得到学术界和出版界的好评，《丛书》初集中的《吉林通志》于 1987 年荣获全国古籍出版奖，三集中的《东三省政略》于 1992 年获国家新闻出版总署全国古籍整理图书奖，是当年全国地方文献中唯一获奖的图书。同年，在吉林省第二届社会科学成果评奖中，全套丛书获优秀成果二等奖，并被国家新闻出版总署列为"八五"计划重点图书。1995 年《中国东北通史》获吉林省第三届社会科学优秀成果二等奖。2005 年，《同文汇考中朝史料》获北方十五省（市、区）哲学社会科学优秀图书奖。

《丛书》的出版在社会各界引起很大反响，与当时广东出现的以岭南文献为主的《岭南丛书》并称国内两大地方文献丛书，有"北有长白，南有岭南"之誉。

吉林大学金景芳教授认为"编辑《长白丛书》的贡献很大，从《辽海丛书》到《长白丛书》都证明东北并非没有文化"。著名明史学者、东北师范大学李洵教授认为："《长白丛书》把现在已经很难得的东西整理出来，说明东北文化有很高的水准，所以丛书的意义不只在于出了几本书，更在于开发了东北的文化，这是很有意义的，现在不能再说东北没有文化了。"美国学者杜赞奇认为"以往有关东北方面的材料，利用日文资料很多。而现在中文的《长白丛书》则很有利于提高中国东北史的研究"（《长白丛书》出版十周年纪念会上的发言）。中国社会科学院边疆史地研究中心主任厉声研究员认为：《长白丛书》已经成为一个品牌，与西北研究同列全国之首。"（1999年12月在《长白丛书》工作规划会议上的发言）目前，《长白丛书》已被收藏于日本、俄罗斯、美国、德国、英国、加拿大、澳大利亚、韩国及东南亚各国多所学府和研究机构，并深受海内外史学研究者的关注。

为了更好地传承和弘扬优秀地域文化，再现《丛书》在"面向吉林，服务桑梓"方面的传统与特色，2010年前后，我与时任吉林文史出版社社长的徐潜先生就曾多次动议启动出版《长白丛书精品集》，并做了相应的前期准备工作，后因出版资助经费落实有困难而一再拖延。2020 年，以十年前的动议与前期工作为基础，在吉林省省级文化发展专项资金的资助下，北华大学东亚历史与文献研究中心与吉林文史出版社共同议定以《长白丛书》为文献基础，从《丛书》已出版的图书中优选数十种具有代表性的文献图书和研究著述合编为《长白文库》加以出版。

《长白文库》是在新的历史发展时期对《长白丛书》的一种文化传承和创新，《长白丛书》仍将以推出地方文化精华和学术研究精品为目标，延续东北地域文化的文脉。

《长白文库》以《长白丛书》刊印 40 年来广受社会各界关注的地方文化图书为入选标准，第一期选择约 30 部反映吉林地域传统文化精华的图书，充分展现白山松水孕育的地域传统文化之风貌，为当代传统文化传承提供丰厚的文化滋养，是一件功在当代、利在千秋的文化盛举。

盛世兴文，文以载道。保存和延续优秀传统文化的文脉，是人文社会科学研究者的社会责任和学术使命，《长白丛书》在创立之时，就得到省内外多所高校诸多学界前辈的关注和提携，"开发乡邦文献，弘扬地方文化"成为 20 世纪 80 年代一批志同道合的老一辈学者的共同奋斗目标，没有他们当初的默默耕耘和艰辛努力，就没有今天《长白丛书》这样一个存续 40 年的地方文化品牌的荣耀。"独行快，众行远"，这次在组建《长白文库》编委会的过程中，受邀的各位学者都表达了对这项工作的肯定和支持，慨然应允出任编委会委员，并对《长白文库》的编辑工作提出了诸多真知灼见，这是学界同道对《丛书》多年情感的流露，也是对即将问世的《长白文库》的期许。

感谢原吉林师范学院、现北华大学 40 年来对《丛书》的投入与支持，感谢吉林文史出版社历届领导的精诚合作，感谢学界同人对《丛书》的关心与帮助！

郑　毅

谨序于北华大学东亚历史与文献研究中心

2020 年 7 月 1 日

《长白丛书》序

吉林师范学院李澍田同志，悉心钻研历史，关心乡邦文献，于教学之余，搜罗有关吉林的书刊，上自古代，下迄辛亥，编为《长白丛书》，征序于予，辞不获命。爰缀予所知者书于简端曰：

昔孔子有言："夏礼吾能言之，杞不足征也。殷礼吾能言之，宋不足征也。文献不足故也，足则吾能征之矣。"说者以为："文，典籍也。献，贤也。"这是因为文献与历史研究相辅相成，缺乏必要的文献，历史研究便无从措手。古代文献，如十三经、二十四史之属，久已风行海内外，家传户诵，不虞其失坠，而近代文献往往不易保存。清代学者章学诚对此曾大声疾呼，希望唤起人们的注意，于其名著《文史通义》中曾详言之。然而，保存文献并不如想象那么容易。贵远贱近，习俗移人，不以为意，随手散弃者有之。保管不善，毁于水火，遭老鼠批判者有之。而最大损失仍与政治原因有关。自清朝末叶以来，吉林困厄极矣，强邻环伺，国土日蹙，先有日、俄帝国主义战争，继有军阀割据，九一八事变后，又有敌伪十四年统治，国土沦陷，生民憔悴。在政权更迭之际，人民或不免于屠刀，图书文物更随时有遭毁弃和掠夺的命运。时至今日，清代文书档案几如凤毛麟角，九一八事变以前书刊也极为罕见。大抵有关抨击时政者最先毁弃，有关时事者则几无孑遗。欲求民国以来一份完整无缺的地方报纸已不可能，遑论其他。

中华人民共和国成立以来，百废俱兴，文教事业空前发展。而中经"十年内乱"，公私图书蒙受极大损失，断简残篇难以拾掇。吉林市旧家藏书，"文革"期间遭到洗劫，损失尤重。粉碎"四人帮"后，祖国复兴，文运欣欣向荣，在拨乱反正的号召下，由陈云同志倡导，大张旗鼓，整理古籍，一反民族虚无主义积习，尊重祖国悠久文化传统，为振兴中华提供历史借鉴。值此大好时机，李澍田同志以一片爱国爱乡的赤子之心，广泛搜求有关吉林文史图书，不辞劳苦，历访东北各图书馆，并远走京沪各地，仆仆风尘，调查访问，即书而求人，因人而求书，在短短几年时间里，得书逾千，经过仔细筛选，择其有代表性者三百种，编为《长白丛书》。盖清代中叶以来，吉林省疆域迭有变迁，而长白山钟灵毓秀，巍然耸立，为吉林名山，从历史上看，不咸山于《山海经·大荒北经》中也有明确记录，把长白山当作吉林的象征，这是合情合理的。

丛书中所收著作，以清人作品为最多，范围极其广泛，自史书、方志、游记、档案、家谱以下，又有各家别集、总集之属。为网罗散佚，在宋、辽、金以迄明代的著作之外，又以文献征存、史志辑佚、金石碑传补其不足，取精用宏，包罗万象，可以说是吉林文献的总汇，对于保存文献，具有重大贡献。

回忆酝酿编余之际，李澍田同志奔走呼号，独力支撑，在无人、无钱的条件下，邀集吉长各地的中青年同志，乃至吉林的一些老同志，群策群力，分工合作，众志成城，大业克举。在整理文献的过程中，摸索出一套先进经验，培养出一支坚强队伍。这也是有志者事竟成的一个范例。

我与李澍田同志相处有年，编订此书之际，澍田同志虚怀若谷，对于书刊的搜求、目录的选定，多次征求意见。今当是书即将问世之际，深喜乡邦文献可以不再失坠，故敢借此机会聊述所怀。殷切希望读此书者，要从祖国的悲惨往事中，培养爱祖国、爱乡土的情操，激发斗志，为"四化"多作贡献。也殷切希望读此书者能够体会到保存文献之不易，使焚琴煮鹤的蠢事不要重演。

当然，有关吉林的文献并不以汉文书刊为限，在清代一朝就有大量的满、蒙文的档案和图书，外又有俄、日、英、美各国的档案和专著，如能组织人力，有计划、有步骤地进行整理，钩玄提要勒之成书。先整理一部分，然后逐渐扩大，这也是不朽的盛业，李君其有意乎？

吉林　陈连庆　谨序

一九八六年五月一日

旧版前言

在"开发乡邦文献，弘扬地方文化"的旗号下，吉林师范学院古籍研究所以"长白丛书"为载体，坚持进行东北地方文献的整理研究工作。十年来"丛书"形成整理与研究两大系列，下分通史、辞书、农学、满学、民俗、史志、档案、金石、诗词、人物、边疆，以及东北亚等二十个子系列，总达 2500 万字。

吉林是"长白丛书"的根，也是我们倡导的"长白文化"的源。历年来，我们以"面向吉林，服务桑梓"为宗旨，努力开发乡邦文献，前此已出：《吉林志书》《吉林外纪》《吉林志略》《吉林通志》《吉林新志》《吉林公署政书》《吉林乡土志》《吉林地志》《鸡林旧闻录》《吉林盐政》《永吉县志》《打牲乌拉志典全书》《打牲乌拉乡土志》《永吉县乡土资料》《乌拉史略》《扈伦研究》《吉林满俗研究》《吉林纪事诗》《吉林杂咏》《鸡塞集》《松江修暇集》《吉林三杰（成多禄、宋小濂、徐鼐霖）集》

《吉林农业档案》《吉林金碑》《松漠纪闻》《东巡日录》《西团山文化研究》等三十余种古籍或专著，旁及涵盖全东北的政书、通史、辞书、画册、资料、著作，已出书六十六部。以"长白丛书"百部目标衡之，目下已成书三分之二。

本书即为"长白丛书"史志系列之一，本编采辑吉林史地名著十种。地范仍以旧吉林省界为域，上起清代康熙中叶，下迄民国二十年。至此，可谓传世的吉林文献业已包览无遗。统而言之，前此所出相关诸书乃九一八事变前吉林全书之集成。今后，我们开发乡邦文献的系统工程，将深入发掘吉林将军衙门档案及民国吉林公署档案，撰写《吉林通史简编》《吉林诗词集粹》《吉林名人传记》等专著，兼及东北与东北亚对吉林的记述，预计二千年定可蒇事。

鉴古知今，古为今用，我们还将涉足于吉林地情、吉林文化的研究领域，为弘扬地方文化，建设乡土文明竭尽绵薄。

本编十种，大别有三，兹分述之。

一为清代吉林史地杂著

《柳边纪略》五卷，清人杨宾撰。宾字可师，号大瓢山人，又号耕夫、小铁，浙江山阴（今绍兴）人。

生于清顺治七年（1650），卒于康熙五十九年（1720）。作者十三岁时，其父杨越以浙东通海案遣戍宁古塔；当四十岁（康熙二十八年），万里冰霜出塞省亲，盘桓三月。四年后，其父亡于戍所。杨氏奔走呼号凡四百五十五天，获准迎母奉父枢归里。"回念耳目所闻见，有宜书者"，乃撰纪略，终于康熙四十六年正月定稿付梓。"其书网罗巨细，足以订史书之谬，而补版图之缺。"

《柳略》有康熙刻本、木犀轩藏清抄本、道光间刊昭代丛书本、光绪间刊仰视千七百二十九鹤斋丛书本、小方壶斋舆地丛抄本、民国间商务印书馆铅印丛书集成初编本，以及辽海丛书本，近有1985年黑龙江人民社出版龙江三纪本。本次所出以鹤斋丛书为底本，参以昭代丛书本、小方壶本及全辽备考本。订讹补遗，择善而从，不出校记，并补充作者自序。

另者，莆田林佶之全辽备考，系钞录柳略，窜易前后，冠以篇目。本编为清眉目，据以补加要目。

《宁古塔纪略》一卷，清人吴桭臣撰，桭臣字南荣，小字苏还，江苏吴江人，清康熙三年（1664）生于宁古塔。其父吴兆骞（字汉槎），以南闱科场冤案流放宁古塔二十三载，后获友人营救，得以赎还。作者自述："余生长边陲，入关之岁，已为成人。其中风土人情，山川名胜，悉皆谙习，颇能记忆。"吴氏据亲历目击撰成此著。《四库全书总目》有云："白山黑水之间，古来舆记，大抵得诸传闻。即近时修志乘者，秉笔之人亦未必亲至其地。"本书以当时人记当地事，难能可贵，具有极大的史料价值。

该书版本，有清道光十年长沙顾氏刊赐砚堂丛书新编（丙集）本，道光间刊吴江沈氏世楷堂刻昭代丛书本，道光二十三年琴川郑氏青玉山房刊舟车所至本，北图藏清抄本，光绪六年南清河王氏排印小方壶斋丛抄（卷三）本，光绪十七年上海著易堂铅印小方壶斋舆地丛抄本第一帙，光绪十八年顺德龙氏刻知服斋丛书本第二集，光绪间元和胡氏石印渐学庐丛书本第一集，光绪中桐庐袁氏刊渐西村舍汇刻本，光绪二十九年金匮浦氏刻皇朝藩属舆地丛书本第二集，民国间上海商务印书馆排印丛书集成初编本，凡十一种。本编采用刊刻较早的昭代丛书为底本，以渐西村舍丛刊本、知服斋丛书诸本参校互补，增加附记及序跋，渐西村舍丛刊本眉注附后。

《绝域纪略》一卷，方拱乾著。拱乾初名若策，字肃之，号坦庵，又号云麓老人，赦归后又号苏庵，安徽桐城人，生于明万历二十四年（1596），清顺治十四年，亦以丁酉科场案率全家数十口流徙宁古塔。十八年赎还，流寓扬州。康熙元年七月，据其宁古塔近千天见闻，于荷阴客舍写成本书。

本书又作《宁古塔志》，凡七目：流传、天时、土地、宫室、树畜、风俗、饮食。文简意深，弥足珍贵。

今从道光间吴江沈氏世楷堂刻昭代丛书本，参以同朝金山钱氏刻指海本整理复刊。

《吉林舆地说略》，上海图书馆所藏稿本，撰人不详，后记成于同治四年四月十五日，孤本为贵，特从附载。

按吉林舆地之书，世传枝江曹廷杰光绪中三大名著。光绪二十四年（1898），又有杨伯馨（同桂）、秦世铨（曙村）所辑之吉林舆地略二卷以及吉林舆地图说二册，此与光绪二十八年之吉林分巡道造送会典馆、国史馆清册大同小异。又与吉林通志之沿革志及舆地志有详略之别。秦序云："吉林舆地略二卷，将军咨送会典馆者也。原稿分门列表，如沿革疆域、天度、山镇、水道、乡镇、职官、驿站，条析类系，考核精确，有俾舆地，盖不必读通志全书而边徼形势如在目前矣。"本编所收，盖在其前，益形宝贵，足资考镜。

《吉林纪略》，江苏武进马冠群著；《吉林形势》，浙江义乌朱一新著，均从光绪间王锡祺所辑小方壶斋舆地丛抄，载再补编第一帙。前书列乌喇、建置、长白山及诸山、诸水、库页岛、宁古塔城、完达山、小白山、吉林峰、德林石、松花江、土门江、虎尔哈部诸目。后书专论中俄交界及交涉之危迫形势。纸短意深，合计不逾万言。

二为民国时代的吉林舆地专书

《吉林汇征》二卷七章，合肥郭熙楞撰。郭君字伽园，居官吉林，公余之暇，搜集遗文，征求细说，民国三年掇为一集，凡疆域沿革、山川支派、官兵设制、种族、风俗、金石靡不具备，于国界、国防尤为着意，并附录舆地杂志，考证精核。民国六年（1917）印行，151页，约六万五千字。

《大中华吉林省地理志》二十二篇百六十章，林传甲初纂，编者字奎腾，福建闽侯人。书成于民国十年十二月十日，吉林省教育厅编辑，吉东印刷社印刷。

林子职掌龙沙教育十年，南归京师任大中华地理志总纂。民国七年七月七日，吉林省教育会长王伯康约林游吉，倡编吉林志。八年八月八日，吉林一师吴宪之校长复邀来吉，十年十月十日，脱稿。

该书博收约取，信而有征，采辑调查，务求翔实，"体例适而文失于略”。

《增订吉林地理纪要》上下二卷，武进魏声和撰，民国二十年（1931）吉东印刷社铅印。线装二册，160页，约四万字。

魏君劭卿，曾侍曹廷杰讲席，尝任吉长报社撰述，夙研东北地理，究心掌故。民国二年尝撰《吉林地志》及《鸡林旧闻录》二书，民国七年曾成《吉林地理纪要》一书。自知前著未洽，复加搜讨记述，辑录时贤高论，掇拾官署档案，引用名家之言，芟易芜杂，精加考核，上卷全为新著，下卷录存前稿十之四五。虽曰增订，不啻创编。

是书首列全省总图、山脉、水道、国界、交通，合为上卷，下卷于记载各县沿革形要之后，别为附录，内述山川、古迹，旁及国际要闻，今日虽时过境迁，然于研习吉省地理自有其不朽的价值。

附载《查办吉林事件案》系上海图书馆藏抄本，为盛京将军崇琦光绪九年奉命查办吉林将军铭安等官贪赃枉法的案档。从一个侧面反映清代吉林政界的腐败，以其首次面世而显珍贵，足资证史。

此番整理一仍“长白丛书”校点通例，以从简化一为则，一律不注。化繁为简，汰异易正，错讹衍夺，订正径改；诸版异同，盖加补订，求全责备；通用不一文字，一仍其旧，并酌加目录，以便检索。

编　者

1994 年春节

序

魏君劭卿夙研习东北地理，究心掌故，尝成《吉林地理纪要》一书，余为之序，距今十四年矣。劭卿每言其书取材之未审，关乎此邦文献，甄采未广，思从事芟易以补前缺，则致力于其札记之本。凡涉吉省山川、文物以及近年国界交涉，辑录甚勤。就中如时贤之论述，官署之档卷皆所掇拾，盖为增订前书计也。编纂既竟，顷将付刊，辄告余曰："兹书之成，诚知踳驳谬误之处必仍不免，但前书中认为不经者与疑似而无据者，并已汰除，即引用各家之言，亦必互为考证，求其可信，未敢滥拾陈编示博也。惟是书于记载各县沿革、形要之后，别为附录，内述山川、古迹以及国际要闻。新故杂糅，体例殊觉未纯，此则愿就正宏达，有待商榷者耳。"余与劭卿交最久，劭卿于从公治书之暇，尚能究心文学，不以荣利纷其怀抱，在友朋中实为罕见。凡事苟致力专一，持之以恒，所成就之业必有可观。是书之成，翊助此邦文化自有价值，固无俟余之扬誉也。

民国二十年八月一日，南汇顾次英

目　　录

吉林省全图 …………………………………………… 001

山脉 ………………………………………………… 002

水道 ………………………………………………… 005

国界 ………………………………………………… 017

附　中俄界碑表 ……………………………… 022

交通 ………………………………………………… 028

附　清代台站干支线简图 …………………… 034

吉海铁路图 ………………………………… 037

吉敦铁路平面图 …………………………… 038

天图轻便铁路图 …………………………… 039

吉同铁路吉五段计划线图 ………………… 040

延敦汽车道图 ……………………………… 041

古同铁路吉方段计划线简图 ……………… 042

穆密铁路计划线图 ………………………… 043

吉长铁路平面图 …………………………… 044

东三省哈绥哈长线铁路图 ………………… 045

永吉县治　沿革　形要 …………………………… 046

附录　自开商埠缘由 ………………………… 047

打牲乌拉考 ………………………………… 048

明季海西四部考 …………………………… 048

长春县　沿革　形要……………………………………049

德惠县　沿革　形要……………………………………051

农安县　沿革　形要……………………………………051

　　　附录　志辽塔………………………………………053

长岭县　沿革　形要……………………………………053

乾安县　沿革　形要……………………………………054

磐石县　沿革　形要……………………………………055

桦甸县　沿革　形要……………………………………056

　　　附录　韩边外传略…………………………………058

濛江县　沿革　形要……………………………………058

伊通县　沿革　形要……………………………………060

双阳县　沿革　形要……………………………………061

舒兰县　沿革　形要……………………………………061

　　　附录　冷山考………………………………………062

延吉县　沿革　形要……………………………………063

　　　附录　延边开埠记…………………………………064

　　　　　　老头沟煤窑记………………………………064

和龙县　沿革　形要……………………………………066

　　　附录　韩侨迁垦记…………………………………067

　　　　　　架设图们江铁桥案…………………………071

汪清县　沿革　形要……………………………………072

珲春县　沿革　形要……………………………………073

　　　附录　珲春古城边壕记……………………………074

东宁县　沿革　形要……………………………………076

　　　附录　记乌苏里铁路………………………………077

　　　　　记双城子古迹 ·················· 078

宁安县　沿革　形要 ························· 078

　　　附录　记镜泊湖 ···················· 080

　　　　　记德林石 ······················ 081

　　　　　清初谪戍 ······················ 081

敦化县　沿革　形要 ························· 083

　　　附录　记鄂多哩古城 ················ 084

额穆县　沿革　形要 ························· 085

依兰县　沿革　形要 ························· 086

　　　附录　明东海三部考 ················ 088

　　　　　东夷族俗志 ···················· 089

桦川县　沿革　形要 ························· 093

　　　附录　五国城 ······················ 094

富锦县　沿革　形要 ························· 095

　　　附录　黑斤古城 ···················· 096

同江县　沿革　形要 ························· 097

　　　附录　拉哈苏苏租地旧事 ············ 098

抚远县　沿革　形要 ························· 099

　　　附录　耶字界碑迁地记 ·············· 101

　　　　　黑龙江下游鱼产 ················ 101

饶河县　沿革　形要 ························· 104

虎林县　沿革　形要 ························· 105

　　　附录　志县境交通 ·················· 106

密山县　沿革　形要 ························· 107

　　　附录　记兴凯湖国界 ················ 109

方正县　沿革　形要……………………………………110

穆棱县　沿革　形要……………………………………111

勃利县　沿革　形要……………………………………112

宝清县　沿革　形要……………………………………113

滨江县　沿革　形要……………………………………114

　　　　附录　中东铁路略史…………………………115

　　　　　　　志松花江航务…………………………117

阿城县　沿革　形要……………………………………118

　　　　附录　金上京遗址……………………………119

　　　　　　　金源国书………………………………121

　　　　　　　会宁残碑………………………………122

珠河县　沿革　形要……………………………………124

苇河县　沿革　形要……………………………………125

延寿县　沿革　形要……………………………………126

　　　　附录　东路林场记……………………………127

宾　县　沿革　形要……………………………………128

双城县　沿革　形要……………………………………129

扶余县　沿革　形要……………………………………131

　　　　附录　金得胜陀碑……………………………132

榆树县　沿革　形要……………………………………133

五常县　沿革　形要……………………………………134

　　　　附录　记森林…………………………………135

　　　　　　　吉林省已放森林一览表………………137

自　序……………………………………………………140

附　钦差盛京军督部堂查办吉林事件案………………143

吉林省全图

省境起北纬四十二度至四十八度廿三分，中经起南京偏东四度四十秒至十六度三十八分四十秒。自省城西南至伊通县治二百四十里，至县属南之陈青岭与辽省开原县接界五百六十里，东南至珲春县治一千零三十里，至县属土字界碑中俄分界处二千二百二十里。西北至长岭县治五百十里，至县属正字牌九号与东蒙达尔罕王旗尖荒接界处六百二十里。东北至宽远县治二千零八十里，至县属那字牌中俄分界处二千二百十五里。

总计全省四十二县。面积为四万十三万六千六百六十三又五平方公里（每平方公里合一百三十五垧六万六千四百八十二垧，计合六百九十九万又四万平方公里，计合六百三十六方公里。荒地最多县，荒地四十三万九千七百六十六垧，次富筋七十四万六千五百十五垧，份，首至清一百三十二万一千一百垧，次密山八十万零零零八百二十垧，次革洞，次同江七十三万五千七百五十五里，次穆稜六十九万六千六百四十六垧，次勃利六十万零二十六万九千九百六十垧，尤以密山、革河、富筋等县为优。至于全省四十七万七千六百三十垧。以上各县荒地既多，土质且均肥沃，最多者为永吉，八十三万四千五百二十一人，次人口截至十八年底共为七百七十万零千一百四十一人十七人，八十三万四千五百二十一人，次长春、五十四万八千四百一十五人。上述全省人口中尚含鲜①皇民已未归化者统计之数。据现行政方面调查住居本省吉林省之富留者吉林省县长岭、乾安两县云。四十三万四千四百八十三二十五人，几占全省人口百分之六。

---

①鲜：指朝鲜族，现简称朝族。"鲜"有侮等意，现已废止不用。

山　脉

东三省之主要山脉为长白山。其起顶为白头山，海拔二千七百一十三公尺，位于辽宁之东隅与朝鲜接壤处。前清宣元，中韩界约，以长白山东南麓鸭绿江源石乙水为国界，白头山全属华界。为松花、鸭绿、图们三江所从出，北向为松花、东向为图们、南向为鸭绿。其脉一支迤逦西走，横贯辽省旧围场东丰、西安等县，与伊通、沈阳为鼎峙之势，而形成东辽河与松花江之分水岭。其南跗为辽河支流，太子河、浑河等水所发源。一支南走，循鸭绿江至佟家江汇流处辑安县，折而西南蟠结于安奉铁路之中段，出辽阳为千山山脉，更循南满铁路蜿蜒而南，几于贯穿南满全境直达辽东半岛，为辽河与鸭绿江之分水岭。此脉至旅顺老铁山而伏，南逾海起顶为山东省蓬莱山、成山，形成芝罘半岛。海中岛屿错列，即其过脉也。一支东行，与朝鲜咸镜北道山脉近接处折而北向。主峰名英额岭。此岭之正脉，系从辽省之长白县入省境，经和龙县西，为和龙与长白、安图三县之界岭。由此东北走者为哈尔巴岭，为延吉西北，敦化东南之界岭。松花江上游与图们江支流之海兰河上游于焉划分。在此更向东北，是为万松岭，亦名老松岭。此岭脉为延吉、汪清，北与宁安之界岭。沿图们江岸直迄东宁，至东宁境起顶为太平岭，高峰斜贯中东铁路东线之太平岭站，北向则为沿边岭，中俄循此山脉划分国境，即大小绥芬河、穆棱河之分水岭。此山脉亦称完达山脉，苏联沿海洲省境南北纵行之锡赫特山脉，乃此系向东岐出之干脉也。其分岐处为大松柏岭，与太平岭相接。又有由英额岭西走者，则为纵行之张广才岭系岭属额穆县。凡绵亘于桦甸、敦化两县间之牡丹、富尔、漂河诸岭悉属之，松花江上流及中流与牡丹江源由是划分。迤逦而北跨及中东路东线，在高岭子站地方，此站在苇河东与宁安交界处，山最险峻。车过南麓，必两机关车推挽上下。越过路线北走，改称毕展窝集。沿牡丹江左岸直迄依兰，越松花江北与黑龙江省小兴安山脉联接。以上所述，大半依据中东路经济调查局出版之《图说》。至各地居民对于大小山名，每根于满语而讹误其音，或取其形象易地异称，难于遍举。总之，吉林省山脉要以英额、完达两主干为群山之纲，多系南北纵行漫布省东，除诸巨川沿岸冲积层外，殆鲜平原大陆。至白头山山脉之来脉，则言者各殊。一说出于中国北干阿尔泰山脉，由黑龙江省之小兴安岭起顶曰布伦山，岐为两系，一系止于松黑两江汇口，一系在依兰地方越过松花江与吉省山脉毕展窝集相接。景方昶氏《东三省舆地纪略》、东路出版各图书，俱主是说。一说来自中国中干之泰山山脉，由泰山北连山东芝罘半岛，越海为辽东半岛，延亘东北，起顶为白头山者。清圣祖《长白山记》，即主是说，有清钱大昕诸家及《吉林省志》亦同。惟是中国山脉划分三干之界说，今时疑义已多，即无定论，吉江两省山脉于依兰隔江连接，固可凭也。

水　道

松花江水道　吉省主要河流，自属于松花江。为江床屈曲，支流横午，灌溉省境几及四分之三。江源于白头山巅之天池，池水西北泻流五里忽中断，又五公里复涌出，是为二道白河之正源清圣祖《望祀长白诗》：名山钟灵秀，二水发真源。世称松花江者，乃满语松戛里之转音也。曲折西北流，由辽宁省抚松县南来，左纳报马川河入省境濛江县，三道花园河、珠子河、那尔轰河入焉。右属抚松县，头、二道花园河入焉。更北纵贯桦甸县境右岸，漂河入焉。经额穆县西南境，右纳拉法河上游接吉敦铁路蛟河、拉法两站，张广才岭系之材木悉沿河流放入江。蛟河本取二水交汇之义，相沿作蛟，系误。东北距拉法站十余里，有拉法洞子山，洞两处，中隔深涧，而有天然岩石上覆，环穹如桥，两洞可通往来。洞中石磴、石案自成形象，岩壁纹理，纵横叠架，宛然书库。北行入永吉县境汇牤牛河，地当英莪岭西行干脉所经，江流自高下注，悬瀑惊湍，最为险峻。流势渐趋低地，抵阿什哈达。江岸岩石有摩崖文字四行："奉天遣兴孔兵马阵前将军、辽东都司都指挥使刘书，永乐十八年领军至此，洪熙元年领军至此，□□七年领军至此"四十六字。考《皇明实录》：永乐七年，使中官亦失哈与奴儿干都指挥使刘清，领军松花江造船运粮云云。可见阿什哈达摩崖者为刘清无疑。其摩崖之署衔与实录异者，缘奴儿干都指挥使本隶属辽东总兵官也。此说根据日本稻叶君山《满洲发达史》。江流更北，右纳温德亨河，转向东，折过吉敦铁路江桥，仍复西北下驶，形如半环，而会垣建焉。适当上环之口，自此以下江流渐行平野，右岸过乌拉街。乌拉城在江左岸，明季乌拉部之都会也。中有土台，即当时建牙之所。清祖于明万历四十年未攻灭乌拉以前，会先破其沿江五城，许盟而还。或云：今日吉林省垣，即五城之一，待考。西北行，右岸入舒兰县境，经法特哈边门。明成祖靖难功成，割东北边镇以畀兀良哈三部酬其勋绩，蒙部势力由是东渐。时辽东都指挥佥事毕恭因建边墙，自锦州之红罗岘山起，东迄辽水，借限戎夷。成化三年，又自抚顺起增筑至宽甸。环带益远，清初仍之。即今西起辽西，东迄凤凰边门之柳条边是也。清圣祖时为防止满蒙杂处，于康熙二十一年，又从威远堡边门向东北斜展，浚筑边濠一道，乃第二柳边也。凡分布尔图库、伊通、伊勒门、法特哈四边门，戍以边台，稽诘行旅，共建三十六边台，内满外蒙，于焉申画。至法特哈边门迤北，柳边已尽，遂以松花江为天然界线。江内属满，江外属蒙，当年法特哈门固绾毂满蒙之险隘也。沿松花江岸南来属于张广才岭系之余脉，亦至此就夷。江流自此而下，江道展宽，河床愈浅，节候风自蒙古大陆挟流沙吹来，淤成洲渚，辄胶行舟而鱼产独丰。再北折向西行右属榆树县，左岸遂入郭尔罗斯前旗，就蒙疆设治之德惠县界，过中东路小城子站，越江桥右属扶余县，左岸纳伊通河入蒙疆设治之农安县境。更西经小龙潭则为内蒙郭尔罗斯前旗牧地。江流径向北走，乃汇西来之嫩江。自江源至此凡八百七十八公里。嫩江波澜壮阔，北走之松花江为嫩江流势所夺，改道东趋，西人故于松、嫩交汇以下之江流，称为第二松花江。缘就水量及流向而观，西来之嫩江，俨如松花江干流故也。嫩江发源江省伊勒呼里山，汇大小兴安岭诸山之水南下，右岸纳洮儿河，江宽势盛，为汇注于松花江之第一巨川。《北史》：勿吉国之难河。《唐书》：东室韦之那河，皆是水也。江道自此分南北两岸，南岸吉林省居江右，为扶余县境，纳拉林河入双城县境。清康熙朝，水陆兵北征罗刹，设拉林官仓于河口，为储供军食之所。北岸居江左，为黑龙江省境，双城迤东经滨江县境，自嫩江口至此凡二百八十公里。自滨江而东，过中东路江桥，经阿城县，阿什河入焉即《金史》按出虎水。再东逾蜚克图河口入宾县境，海里珲河入焉。右岸至此始见沿岸山脉蜿蜒，盖张广才岭系毕展窝集之西跗也。宾县县治迤东入方正县境，蚂蜒河入焉。群山离岸渐远，江流渐向北折，东抵依兰县境，纳牡丹江、倭肯河，毕展窝集山脉至此隔江与黑龙江省山脉相接。江中三块石之岩险礁石长二十四哩七，为松黑二江第一巨礁。即其过脉也。自此经桦川而富锦而同江，沿岸多冲积平原。在同江县治东北，遂合黑龙江而东。自滨江海关至此，凡九百八十公里。综计松花江自二道白河起迄松黑两江汇口止，全流共长三千二百十一华里，合一千八百五十公里。据东路经济调查局测报。在左岸黑龙江省入江之大川则有嫩江见前，呼兰河滨江县对岸，汤旺河即《金史》陶温水，方正县对岸，梧桐河即乌屯河，图勒河即《金史》秃答水，均在桦川县对岸。自松花江汇入黑龙江后，下游概称黑龙江满语萨哈连乌拉，统黑龙江上下游而言，译义黑水也。各国

《图说》亦作阿穆尔江。清咸丰十年中俄订立《北京条约》，清廷当局昧于东北地理，约文乃有"松花江海口，松花江沿岸贸易"字样，遂启帝俄之野心，授以侵我松花江航权之口实。而现在中国人出版之《图说》，于松黑汇口以下之江流，犹有作混同江者，此又踵辽金二史之谬，并失正名之义，此段江流自宜以黑龙江为定名。左岸属苏联阿穆尔省，右岸自松、黑汇口东北行一百四十华里，抵抚远县境，更东北二百一十华里，而中苏国际河流之乌苏里江自南来汇，汇口北为中俄耶字界碑旧址，由是以下，左右两岸胥属苏联国境。东北行，左岸经特林岸峡永宁寺故址。寺有古碑四。其一上书"永宁寺记"四字，横列首行"敕修奴儿干永宁寺碑"九字，文后题名首行"镇国将军都指挥同知"，以下不可识，第二行有"□正十七年"数字。吴县吴清卿先生考谓："'正'上当即'至'字。"又文内屡见"帖木儿"三字，疑元时碑刻也。又一碑上有"重建永宁寺记"六字，其文多磨泐，枝江曹彝卿先生辨认，仅录其略云："奴儿干国其民曰吉列迷，与苦夷诸种杂居，地不产五谷，非舟莫至。洪武间遣使而未通，永乐九年遣内官亦失哈等，率官军二千人巨舡四十五艘至其国抚谕之。设奴儿干都司，收集诸部人民使之自相统属，岁捕海青方物朝贡。十年，亦失哈等载至其国，自海西抵奴儿干及海外苦夷诸部，给以谷米、衣服、器用，宴以酒食，皆踊跃欢忻。宣德初，官遣太监亦失哈部众至。七年亦失哈同都指挥康政，率官军二千巨舡五十再至云云。按：元世祖曾设东征行中书省于朝鲜国都太平馆内，设东征元帅府于奴儿干，越海峡以征服骨蒐（即库页岛）。其后流放重臣于尼鲁罕之事，亦屡见《元史》，永宁寺之建于元代，殆无可疑。又按《皇明实录》，"永乐七年二月己酉，设奴儿干都指挥使司，以康旺为都指挥同知金事，仍设狗站递送。十年置辽东境外满泾等四十五站，宣德五年八月，罢松花江造船之役，敕海西地面指挥塔失纳答等曰：比遣中官亦失哈等往使奴儿干等处，令都指挥刘清领军松花江造船运粮，今各官还朝，而军士未还者五百余人。朕以尔等归心朝廷，女直已遵法度，敕至即为寻究遣人送辽东总兵官处，庶见尔等归化之诚"云云。就前文所述，再参证阿什哈达之摩崖，元代东北极边之建置及明初松花江水军之远略，备已了然。又近年辽阳发见《明崔源墓志》，亦述宣德元年，招抚奴儿干及忽拉温野人之事。盖明初水军远航，固频有是举也。再东北行十公里，左岸经庙街俄名尼古拉衣佛斯克，入苏联领鄂霍次克海。

乌苏里江水道 江源苏联国境沿海滨省锡赫特山南跗，山为吉省英额山脉东北岐出之干脉。由大松柏岭蜿蜒东出国境后，南北纵行，直迄黑龙江入海之口。《中国图志》名乌子江。西北流，左右岸汇纳小水凡五，称刀毕河。而东与兴凯湖中流出之松阿察河汇合，河为中苏界线。其流出之口乃亦字界碑所在，湖口为龙王庙市镇（清季于此拟设临湖县治）。松阿察河东北行一百五十公里，左华右苏，即与刀毕河会，始名乌苏里江，北行二十七公里，左岸穆棱河入焉。穆棱河发源穆棱县西南穆棱窝集，横贯穆棱、密山、虎林三县全境，自穆棱县治以下至河口，长约一千二百华里。下游河床壮阔，堪称省东大川，奈屈曲太甚，咫尺相望，绕行辄至数十里。西距密山二百里处，又有巉岩蹲踞中流，为碍航行。又十八公里至虎林县治，右岸苏境呢吗河入焉。河口为苏联乌苏里铁路驿。马车站河之上游山林中，清代未割地与俄国前，多采取山参于此。江流至此幅面展宽。汽船从江口溯航，多以此为终点。从龙王庙下至虎林，夏秋水盛，亦可行轮，常时俱以帆船往来。北流，左纳七虎林河，行四十七公里至范家酒柜，二十公里至独木河，左纳七里星河。虎饶两县界线。二十公里至团山子，为饶河县治，二十公里至四排，二十公里至饶河口，挠力河由西南来入焉。过东安镇进抚远县境，三十一公里至瓦盆窑，二十公里至水亭子，二十公里至国富镇，二十公里至蒿通，二十公里至木城子，二十三公里至海青镇，四十二公里至乌苏镇。右岸苏境为嘎杂克维池，隔江正对我通江子之下口。三十六公里，至汇入黑龙江之江口。自龙王庙湖口起，并计松阿察河，乌苏里江共长五百零八公里、亦即中苏两国之界线也。以上江道里数，依据陈广起氏查报黑、乌两江航权，清季潜为帝俄侵占，建置航标。自民国七年华轮通行两江，俄方曾要求黑龙江省府分担浚江建标岁修经费。十一年，江省当局始与苏联黑河水道局协定，修浚黑龙江办法。及十四年，再议及开浚吉省乌苏里江事宜。苏联方面提出书图，主张两江同时会修，嗣又改编方案，舍弃正流而指通江子，俄图作嘎杂克维池水道为两江通接之江汊［详见《国界篇》］，为中苏国际河流。直以黑龙江通江子上口，下迄两江汇口［六十九公里］，又从汇口南迄通江子下口［地名乌苏镇］三十六公里，共九十五公里之水道为中苏界线。吉省当局向苏方争议年余，结果暂定双方听候将来中苏界务会议解决。在未解决以前，该段水道双方俱停止开浚及安设灯标，所有两国会修事宜，即从右岸嘎杂克维池（左岸即乌苏镇）起，南至虎林县治止。及十九年，又决议展修至密山县境。

图们江水道 女真语呼万户为齐明，转音作图们。江流发源于长白山南跗，有南北二源。北源名红丹水，出山中之三汲泡，东北伏流与南源之石乙水汇合而东，于三江口纳朝鲜境之西豆水，水量始增；右岸自江源直至入海之口，悉日本领朝鲜属境。左岸由辽宁长白县入吉省和龙县西南境东流，过稽查处江身北折，和龙县光昭屯东南三里许，江中洲渚延亘，水分两派。洲东为正流，日人筑有大坝，逼水西溢变为江心。华岸农田均被淹毁（此地迤北华界大江港有地百五十余垧，即清季中日引起重大交涉之"间岛"，鲜人称垦岛者是也）。又和龙县小北街附近对岸，鲜界高岭镇附近江滩，十八年夏，日人凿通华岸万宝盖下石材筑成巨坝。此处水流原系南来折西，环绕华岸，复与鲜岸支流汇合而北走。石坝即成，正流渐涸，水势向华岸冲刷。以上两处江流改道，浸成国界问题。经开山屯天图铁路江桥，越延吉县东南边境，过汪清县西北境下甸子、凉水泉子等地。凉子泉子对岸为鲜境稳城，前年，日人从世先起至长德（即孤山子）南北长十余华里间截断江流，筑有横坝三道，是处江流由空洞山而来，至江岔折而东，水势湍悍，江流缘此亦有改道之虞。在延、汪两县接界处，嘎呀河汇布尔哈通河入焉。由江源至此，河身广狭与水量深浅均迁变无常，秋冬涸退殆同溪涧，及左纳嘎呀河流势始盛。更东出黑滴达岭麓，入珲春县境。又复南转纳珲春河即红旗河，再南至沙草峰过中俄土字界碑，遂出国界入俄境。自此以上，水道系属中日两国国际江流，自此以下乃左俄右日，南行三十华里抵东朝鲜湾入海。全江形势湾抱如弓，下游江流更到处屈曲，曲江所在水势萦洄辄成洲渚。全江未经正式测勘，自嘎呀河口以下至土字碑国界尽处，水程约三百四十华里，计二百公里具有通航之利。嘎呀河、珲春河均能行驶船舶，老松岭、老爷岭各山脉之材木，俱借两河流下。至与右岸鲜境之贸易，大概以凉水泉子对于鲜境之稳城，大肚川对彼新阿山，上甩湾子对彼训戎，最称繁盛。清季行轮之策，挠于国际之牵制。民国以来，迄无人议及交通事业。清宣统三年，吉省巡抚曾招南中巨商组织图长航业公司，谋开上海珲春间之航路，挽回吉省一线不完全之海权。官商共投资三十二万六千两，以客货无多，请于邮传部兼办东沟木植，意在林航两业兼营。订租图瑞、图琛两轮，是年四月，始遣图瑞由上海来航，四日而达。泊江口外鲜岸西水罗海湾，进泊江口，以江浅难进，令小轮载煤入江十里。商明日本税务长借碇韩岸之土里。另以浅水轮探道，进航十里余缺煤江渚，其地仍在鲜岸造山、龙岘之间，更上驶十余里乃至我界沙陀地方，而公司购存之木排悉停放土里。翌日正欲运木装轮出口，鲜岸庆兴府之日税务长忽来禁阻。中央向日使交涉，该使则称公司存木地非通商口岸，是以阻运。迄年七月间，公司乃再遣汽船耗费更巨，此事遂停止进行。其实历年我存鲜、俄界之木材，常以帆船运至海参崴、清津各埠，日方均无异词。但江口形势实无良港，如为久远计，非借用朝鲜西水罗码头，实难适当。至江中航线，此次亦系试航，节节探道，尚无一定。必俟后再探，方可设置灯标云。近年，日方又有开凿龙岘运河，更变国际共有江流，垄断江航之计划。龙岘与我岸中俄土字碑隔江相望，我岸依山，水量故深，鲜岸则尽沙滩。向来我境珲春、嘎呀诸河流下之木材，均聚集于鲜岸图们江口土里北方装船，转运雄基港出海。兹日方计划，将从龙岘引江水入西藩浦湖，经西水罗直达雄基海岸凿成运河，取道既捷，时日较省，复可免漂失之虞。但华船前往俄境海参崴、罕岐毛口崴诸处，恃此一线江流。倘运河告成，江水旁分，下游必更淤塞，全江船筏将尽由鲜境运河出海，国界亦生影响。

著者按：省境水道除上列三江外，如绥芬河、伊通河、穆棱河、牡丹江等俱属大川。因绥芬下游全隶苏联国境，伊通诸河系属内河，均无国界关系。故记述从略。

国　界

中日国界　元与朝鲜以今鲜境慈悲岭为界，及明太祖破灭胡元，分设东宁等千户所五处，以经略图们江左右女直遗族。朝鲜国史称此族为蕃胡，即有清爱新觉罗氏之先。旋明兵撤退，地为蕃胡盘踞。永乐、洪熙间，朝鲜李朝世宗一度拓境至图们江岸，于沿江建六镇，会宁、钟城、稳城、富宁、庆源、庆兴。不久，仍陷于蕃胡。万历间，日本勇将加藤清正尝耀兵于图们江左，与蕃胡冲突。至清太宗，移兵西略，与鲜王仁宗盟于江都，始有划图们江为境之议。及康熙间，派满员勘查国界，遂并审视鸭绿、图们两江之源，申划中鲜国界时，朝鲜为有清藩属。清兵但虑罪犯逃亡入鲜，暨流民盗采人参，各关系于江左岸，划留隙地，今和龙、珲春沿江。不准人民阑入。两国人有私行越界居住者，则相互刷回。至中鲜国境，固有图们江为天然界划也。故自清康熙中叶以后，中鲜时有索交逃民之扰，除勘查江源地外，绝无议界之事。清光绪三十三年七月间，日本政府忽照会清廷称："'间岛'容为清国抑为韩国领土，今统监府派斋藤大佐来'间岛'保护韩人"等语。时韩已失去独立国地位，为日本保护国，所谓中日"间岛"交涉，由是发生。图们江自茂山以下，江滩延亘，以光霁峪前一片之滩地略大。华人名为假江，亦名江通，横里许，纵约数里，本连接左岸我界。光绪七年，韩人往垦，乃私掘一沟，此滩遂宛在江中，仍岁纳租银于我垦局。二十九年，韩官李范允行文，妄指假江为"间岛"，原为韩领。经垦局拒斥，旋由延吉厅署与订契约云：古"间岛"即光霁峪假江地，向准钟城韩人租种，今仍允如旧，盖"间岛"二字，时始见于公文。然区区一滩其细已甚，至中日交涉起，日人乃廓而大之。其说曰"豆满江各地异名，左侧支流向西逆溯，中国人谓之布尔哈通河，西南分岐名骏浪河，上游又有南出支流，韩人称为土门江，在豆满、土门间区域为'间岛'。"意殆以海兰河南，图们江北，今和龙县境消纳于"间岛"范围，海兰即彼所称骏浪也。已又诞而出之，其说曰："'间岛'即女真，距豆满江千里之夹皮沟亦其区域。其范围直沿辉发河达松花江南岸，面积之大，比日本之九州矣。"两国政府争议二年之久，迄宣统元年七月，始成立《中韩图们江界务条款》。时日韩尚未合并，约文名称故仍为中韩。第一条载："图们江为中韩国界。其江源地方，以定界碑起至石乙水为界线"云云。此款约文，盖依据清光绪十三年，清廷派员会同韩使李重夏之复勘图。所云定界碑者，系指康熙五十一年，满员穆克登奉命审视鸭绿江源，新建"华夏金汤固，河山带砺长"之十碑。惟宣元时，碑久湮毁，且光绪十三年后，迄未将原图复勘，宣元协订界约时，故曾绘有附图，声明："俟后会勘，以图内境界线为测量基础"。此项未履行之会勘事宜，在民国九年，外部曾向日使提商，复无异议。其时延吉曾派员赴长白山，察见日方所立界标，按之附图界线侵越我境约及四华里有奇。此实亟宜纠正之事，故至今双方迄未如约会勘。

中苏国界 有清顺治年间，帝俄政府利用西比利东部哥萨克人种东略，至黑龙江沿岸筑城于雅克萨，俄名阿尔巴金，在江省连鉴镇对岸，伯利，俄名喀巴罗夫，尼布楚，俄名聂尔臣斯科，在石勒喀河下游等处，侵扰满洲索仑、达胡尔等人部落，清廷派兵攻逐，交战于雅克萨城附近。迄康熙二十八年与俄言和议，订《尼布楚条约》，以黑龙江北、外兴安岭至海，为中俄国界。于时，吉林辖境东尽东海，并黑龙江口外之库页岛俱隶我版图。至清咸丰八年，清廷困于洪杨之乱，俄总督穆拉富岳夫，正抱极端之侵略主义，乃乘势胁迫黑龙江将军奕山订《瑷珲条约》，我黑龙江北之地，遂尽割隶于俄，规定吉林东境，自乌苏里江右至海为两国共管地。十年，俄国又乘英法联军入京，咸丰帝出走热河之机会，要挟清廷，一面诈言助清军炮械平靖内乱，订立《北京条约》。规定：自乌苏里江口南至兴凯湖，又自白绫河顺山岭至瑚布图河口，更顺珲春河及海中间之岭至图们江口，其东皆属于俄。由是，此共管地改为帝俄占领，我吉林失去东境及沿海岸全部之地，而与俄国接界矣。同时交换洋文交界图于沿界绘红色线，但写伊、亦、喀、拉、玛、那、倭、帕、啦、萨、土、乌十二俄文字头作界线标记，同时订立界记，内又只载耶、亦、喀、拉、那、倭、帕、土八个字之界碑地点。翌年，清廷派侍郎成崎会同俄员勘界立碑，乃悉任俄方用木质牌随意竖立，及后木牌半已湮弃。俄国并有蚕食朝鲜之势，其村屯竟散布于珲春河北，侵占黑顶子一带地方。光绪七年，吴大澂奉清廷命筹办边事至珲春，奏请收复俄人侵地。清廷取得俄方同意，即派吴氏会同俄员巴拉诺夫勘查边界，于十二年春，会议于俄境岩杵河。当咸丰朝原订交界图乌字界碑地址，本绘在图们江入海之口，写界碑乌三字，讵定界记既未列入，所绘红色界线亦划至土字为止，于是江口地方俨如无形放弃。及吴氏前来议界，深知吉省海岸尽失，危及国防；俄人占据图们江口，更与朝鲜接境，将来必谋夺我朝鲜藩属。因约文有："顺珲春河及海中间之岭，为中俄国界"之文，故吴氏首向俄索回罕岐海岸，又要求国界展至江口，补立乌字界碑。讵料全被俄方拒绝，反主张立土字碑于离江口四十五里地点。结果始立于沙草峰距江口三十里，东界记作二十五里，为向南地质疏松，恐碑石下陷，故缩进五里。惟黑顶子侵入俄屯，允认撤退。并于原立八界碑外，补立萨、玛、啦三碑，复由土字至喀字九碑间，建筑二十六个记号，俱用坚石筑成。计北从耶字碑起，南至土字碑，本省边线凡长二千三百余里。顾吴氏此行，但勘至那字碑为止，自玛字碑向北，但遣旗员偕俄边界官勘置。以上，俱根据吴氏所著《皇华记程》。

又，俄大将古鲁巴金著《中俄问题》载：中国于一八八五年，向俄要求：将南乌苏里之诺窝吉也夫、斯基诺夫、果罗得斯基、萨威罗夫喀等俄屯所占地方，及浦也西夫湾让与中国，盖欲俄与朝鲜隔断也，终为俄拒绝，仅以萨威罗夫喀屯附近一小段地方让与之云云。此即指吴大澂争界事。浦也西夫湾，即罕岐海岸，萨威罗夫喀，即黑顶子也。今中俄界务纠葛频生，惟十八、十九记号间，与耶字碑地点关系较巨。又吉省人民痛海疆尽弃，图们江口一线交通又为俄占，民国十二年顷，曾建议收复毛口崴。俄名波森，与俄境岩杵河隔海相望。港岸地势不宽，而海湾内抱，亦天然良港。时以中俄国交未复，停止提商。兹将界碑位置状况列表如下，并摘记界务交涉成案于后。

中俄界碑表

碑别＼地别	所在县境	所在地点	记号次序	碑记状况
土 字	珲春	沙草峰哈桑湖岸	由土字碑经第一至第十五记号，抵萨字	清光绪十二年，吴大澂勘界时，因珲春长岭子迤东为赴俄岩杵河要道，曾建铜柱以明国界，今已被俄人移去
萨 字	珲春	俄镇阿济密与珲春交界之路	由萨字碑经第十六号，抵啦字	萨字碑一带记号、界石，多已毁失
啦 字	珲春	俄镇蒙古街西之分水岭上	由啦字抵帕字两碑间，无记号	碑座残破
帕 字	珲春、东宁交界	珲春河、昂邦必拉河二源之分水岭上	由帕字抵倭字两碑间，无记号	

碑别\地别	所在县境	所在地点	记号次序	碑记状况
倭 字	东宁	瑚布图河源北岭	由倭字碑经十七至二十记号。抵那字碑	刻查碑石已被迁动，移设北岭高原之上。按约该碑应向东移安设大岭上，方合约文瑚布图河分水岭顶分界之义
那 字	东宁	横山会处平冈小峰之顶	由那字碑经二十一至二十三三个记号，抵玛字碑	自二十一记号起，至二十五记号，只存二十五号界石一处，亦已残碑，余均亡失
玛 字	密山	大树冈子，土名老虎山顶，又名老黑背山	由玛字碑经二十四、二十五两记号抵拉字碑	五年，密山县查报：但发现见木牌已无字迹，按照界约位置尚符。疑吴氏勘界时，即未建石碑
拉 字	密山	穆棱河、白棱河二水之分水岭，土名天文台	由拉字碑经第二十六记号，抵喀字碑	第二十六记号坍倒土堆下
喀 字	密山	白棱河汇入兴凯湖之口，碑在河北	由喀字碑以下，俱无记号	碑石塌陷兴凯湖内，民国五年，中俄官员会同捞起，置放原址迤北十三丈四尺四寸地点，即合俄度二十沙申
亦 字	密山	松阿察河汇入兴凯湖之口，土名小龙王庙		沉兴凯湖水中，尚露碑顶

碑别＼地别	所在县境	所在地点	记号次序	碑记状况
耶 字	抚远	黑龙江北岸，正对乌苏里江汇流之口		碑石毁失

中俄界务交涉记

土字界碑：第一记号界石清季已失，民国二年，珲春县会同俄官按界约、地望补设于沙冈。十三年顷，旧界石忽发现于马腰峰，地方人民争诉新界丧失垦地百余垧，由县复勘则称不误，此点须俟将来正式会勘定夺。

土字碑附近沙草峰至黑木集间，向有往来通道。十八年冬，苏联外交员照会县署称：该通道在彼领土内，距边线约四米密，嗣后华人非有苏联许可证，不能通行等语，我方去文否认，今为悬案。

十八、十九记号：中东铁路东线出绥芬站，（绥芬站俄语作博克拉尼那耶，译义为交接处，故中国图书亦书此站为交界驿。）其实此站距界线尚远，不可不知。通过中俄国境之点，在十八、十九两记号之间。光绪十二年，吴大澂界约原定两记号间，南北相准拉直以为界线。吴氏四段道里记载：遇道路纷岐处，则挖沟为记云云。及筑路时，曾在五站迤东十华里零四沙绳，铁轨之南筑有灰石记号，其地实在四五道洞子中间。及民国九年俄国内乱，旧党败窜华界三道洞子西耶古尼小站，逮新党苏联军攻入，乃占留不撤，并将灰石记号毁灭。十六年间，苏联遽在耶古尼站建筑兵房，东路特警处护路军总司令部先后派员密查，发见四道洞子东有北流小河，河西附近尚留宽一丈许之沟堑，实为交界处。证之界约，旁询土人，均属吻合。本省官厅向驻哈俄领要求退回侵地，该领提交九四号兵房图说以资辨证，当查该图说地段在沿界十九记号东北，我方所请退还之点乃在十八、十九两记号之中（距十八记号尤近），颇有答非所问之概。时以中俄尚未复交，交涉难以进行，经议决，俟中苏界约开议时提办。

帕字、倭字界碑：东宁县东与苏联接界，南起帕字碑北至倭字碑，约一百五十余里，全以瑚布图河作界线。又自倭字碑向北，越过第十七、十八、十九、二十等记号，更越那字碑至二十一记号止，约一百六十余里。统计县境边线，纵及三百十余里，惟瑚布图河逐渐西移，老河干涸成涧，两河间淤为大渚名曰乌蛇沟，又以地介两河，华人称为夹信子。南北七十余里，幅广七八里、五六里不等，北端已开熟一百八十余垧，南端仍荒废。

民国五年，始有俄人侵垦，及后被占尤广。县署向俄官交涉，彼方但以河流改道出于自然，两国界线只宜准据现在为词，不允撤退。

喀字、拉字界碑：喀字碑国界，在咸丰割地后，以五色其河为界。我国在五札库地方驻有卡官。光绪八年，被俄拘于红土崖狱内，由此我卡移驻穆棱河南。及十二年，吴大澂勘界并未亲往，被俄北侵二十余里，以白绫河源中心为界，而立喀字碑于湖畔。时碑西十五里有地名王胖子沟，林木繁茂，俄垂涎此处，又借口地形洼下，要求北绕九里划归俄领，立有二十六记号。再南绕五里许，有小山名天文台，设立拉字碑。此一带地势故缭绕如牛角，人民不稔，动以越界被害，至今频启交涉。

耶字界碑：黑龙江正流以南，乌苏里江正流以西。两江汇流处有冲积层大洲名三角洲，为抚远县辖境。东西斜长九十余里，南北最宽处五十余里，清季住有华人、赫哲人十余家，前绥远设治员曾招其学童就学县校，嗣俄人暗地越江，盖房、割取羊草，俄税吏且来征税。时县民以洲内瓦盆窑、冯得禄一带地形日见淤高，曾恳请官厅开放镇基，迟未举办，而界务纠葛遂已酿成。缘黑龙江于距离两江汇口六十里地方岐为小流，东南经三角洲南流入乌苏里江，土名通江子。广仅里许，浅渚延亘，向来中国帆船为避免大江风涛，且循两江正流航程倍远，故航途悉出通江子支流。在帝俄时代，乘此情势，见华船无经正流者，即妄指通江子为国际河流，思攫取三角洲领土，借此钤东两江，为彼江防根据。民国九年，俄乱正亟，地方人民呈恳省署请孟恩远督军酌派陆军往驻不果。时耶字界碑适告湮失，是界碑当咸丰割地更定国界时，建于俄境伯利江岸日奔沟上，光绪朝勘界虽易木牌为石质，清使吴大澂并未莅勘，任凭俄方处置，已迁置我界乌苏里江西岸乌苏镇（中国人称为二站）正对俄岸嘎杂克维持屯，直通江子之下口。俄人移碑于此，用意亦在证明通江子为国际河流也。旋俄方查知碑石毁弃，失去片面利用之具，提出一八八六年改建石碑之记录书，来文抗议，是书我方列名签证者为协领顺凌、通事佟教三、纪凤台等，足证当日全任俄官欺弄。且通事等人，并无证明国界之资格也。我方置未答复。及十六年，中苏会浚黑乌两江水道协定文，故暂将两江汇口除外，于乌苏里江内，从嘎杂克维持俄屯起点详前，但两国界线国际公例必据正流，况有中俄界约可凭，须俟中苏议界时决定矣。

交　通

古代之交通　吉省古代与中原之交通及兵事关系，今犹可指认者，当首溯三国时魏武帝遣毌邱俭征高句丽，由青陉出师，今永平县西北，青山口，过平冈，今热河平泉县境，沿大凌河而东，横贯辽东。史载"魏师既破丸都，今辽宁辑安县石板岭，追逐至肃慎南界。其用兵之道，盖自丸都覆灭以后，更溯鸭绿江绕出长白山西麓北进，以迄今吉省牡丹江流域者。唐代之遣使赴渤海，今吉省宁安县境，东京城，则有水陆二道，一自登莱泛海至旅顺登陆，证以旅顺发见唐崔忻题记之鸿胪井而可知。井铭载：开元二年，宣劳靺鞨使鸿胪卿崔忻井两口，永为纪念。一自幽州东北出长城，取道何处，任使臣之自择，证以贾耽《道里记》犹可考见。至北宋之使金，以其时幽燕犹属于辽未能假道，故宋徽宗遣马政与金源结盟，亦浮海而往。至许亢宗之奉使，据其《行程录》所载，归途盖自会宁过来流河，渡松花江西返，实出今榆树、扶余，取道东蒙以入关者。再稽元代征东之役，置行中书省于朝鲜国都之太平馆，置元帅府于尼鲁罕，自别失八里设狗站，以事运输，陶宗仪《辍耕录》云：高丽以北名别失八里，译言连五城也。元朝罪人之流奴儿干者必经此，其地极寒，海自八月即冰，明年四五月方解，人行其上如平地。征东行者每岁委官至奴而干散给囚粮，须用站车，每车以四狗挽之云云。清洪钧《元史译文证补》称：《元史》"辽阳省有狗站"即此，回语五为别失，城为八里。陶说不谬。取道朝鲜与今俄领沿海滨省之联络，而远迄黑龙江江口者，至明祖之讨伐元裔，则由开平今多伦诺尔，大宁今热河赤峰县境，乌丹城，追逐而东，战胜于隆安伊图河之野，今农安伊通河。计自三国曹魏以至明初，本省与中原之通接，大都除海道外，无非取道东蒙。故地理上满蒙实相牵系。至明永乐三年，立马市于南关，以待海西之女直。南关一名广顺关，其地约当今辽宁省开原县南哈达河上游。又立马市于北关，以待朵颜三卫之女直。北关一名镇北关，在今开原东北，吉省伊通县叶赫站南孤榆树附近。交通大势，开原一隅始为辽东北上之咽喉，并视为夷夏之防。永乐十年，就辽东边外设满泾等四十五站见前，其建置地点今虽不详，但考之《全辽志》海西东城站章，初纂于明正统八年，为辽东都指挥佥事毕恭所撰，则自今开原至哈尔滨附近，更东北向松、黑两江沿岸而下，出鞑靼海峡，今俄领黑龙江口，俄名鄂霍次克海，布设驿站，复自开原东北绕长白山之北，松花江上游而出今延吉，越图们江南通咸镜南道。其建设之迹犹十有六七可以考证，直以开原为驿传之中点焉。及明万历朝，清太祖攻占叶赫，今伊通县叶赫站，为叶赫部建牙之所，明之南北两关遂受背面胁迫而亡。清师乃从开原南下，以规取辽沈焉。

清代边站之交通 有清初年，于奉天建为陪都。其与宁古塔将军驻在地之联络，自铁岭、开原而北，出柳条边之威远堡边门，经明代北关旧址，由是而经叶赫，逾伊通河以北抵吉林乌拉，今吉林省会，过松花江更东折，逾色齐窝集即张广才岭，而至宁古塔，为交通要道。及康熙十五年，清廷令宁古塔将军移驻吉林乌拉。二十一年，于威远堡边门外增筑柳条边，其边濠即循驿道蜿蜒北上。计由威远堡起至吉林城，凡五百三十五华里，设站有九莲花街、叶赫、赫尔苏、大孤山、伊通、伊巴丹、苏斡延、依勒门、蒐登，是为南通奉天之干线。由吉林城东北至宁古塔，计五百七十六华里，设站十一，过龙潭山麓，东经江密峰、额赫穆、拉法、退抟、意气松、额穆索、搭拉，转东北经必尔罕、沙兰、蓝旗沟而至宁古塔。清初自额赫穆至退抟间，称为林径，皆森林蔽天，仅通驿道。是为东北之干线。由吉林城西北至伯都讷站，今扶余县，迄松花江岸，隔江与黑龙江省境茂兴站相接，江省驿道，沿嫩江西岸北达瑷珲。为吉、江两省之通途，计六百华里，设站十，由龙潭山向北经金珠、舒兰河、法特哈、团山子转西北，经盟温、陶赖昭、王家、浩色社里转北，至伯都讷，是为通接黑龙江瑷珲城之干线。清雍正以前，黑龙江将军驻瑷珲。以上三干线为吉省交通要道。设自清初，站各置丁，隶籍汉军，大半为福建耿藩、云南吴藩下，编配于此。拨以站地，资为给养。但在有清乾隆以前，吉林将军所辖之区域迄为满族世有之居处地。虽有汉人之遣戍于此者，充戍守柳条边台之台丁，司公文驿传之站丁，采办皇室贡品之庄丁，并有鸟枪、水师等营兵，固悉隶于汉军八旗。凡不属于军籍之汉人，则定例阑入边内者，有罪仍予驱逐。故其时所谓交通，尚无满汉交通之性质。及乾隆之季，清廷禁令渐弛，始有汉人来此经商与租种者，因满人不娴农商两业，势不能不借汉人以通有无，谋垦植也。至嘉庆十年顷，汉人阑入柳边之禁，事实上已等于解除。是年清廷乃明谕开放。只敕边台官吏，稽诘流民，勿令采金、刨参，聚为奸宄而已，见嘉庆朝东华录，此事于满洲地理及人种上，实有重大关系焉。其后农垦日辟，设治渐远，驿站随之增设，至清季台站之制已隳，自民国成立，各路站丁之给养地，悉行丈放招领，乃别设文报局以司邮传。计在东北干线增设支线有三，其一由干线中之额穆索站分岐，南经十站通接珲春由额穆索向东南，经通沟镇、黄土腰子、巴店、瓮声砬、铜佛寺而至延吉，又经小盘岭、窟窿山、密江，至珲春。其一由干线终点之宁古塔起，沿牡丹江岸而北，凡经八站至三姓由乜河，经头站、二站、三站、四站、三站、二站、太平庄凡八站。更由三姓沿松花江岸东行，凡二十二站由三姓经阿穆达、大砬子、大龙沟、佳木斯、蒙古力、苏苏屯、汶澄岗子、瓦里霍吞，哈尔库马、霍悦路、富锦、古必扎拉、图斯科、尼尔固、睦邻镇、街津口、得勒气、额图、秦得利、秦皇鱼涌、浓江，至绥远州国界今抚远县。其一并由东北线终点之宁古塔起，东行凡十有一站，迄乌苏里江岸虎林县国界由乜河经泰东、下城子、上亮子、大石头河、下亮子、大柞木台、高力营、杨木岗、苏尔德、索伦营、穆棱河、呢玛口（即虎林县。此线自大石头河以下，俱沿穆棱河流东北行，迄河口止。）更由西北干线中之团山子站起，设十有四站，以至三姓。由团山子北经孤榆树街、克伦、拉林、阿勒楚喀、蜚克图、苇子河（即宾县）、夹板、高力帽、长谷、新安、方正泡（即方正县）、达沟、涌淇河、团山以至三姓，此线内之夹板站，古时为隔江往来孔道，自夹板站过江，北抵佛斯亨站，由是沿江右岸东北斜上，以达大道、汤原诸县。清季方正设治，顷尚将江省今大通县沿江地隶于吉省，即为就交通趋势故也。统计吉林全省驿道，盖干线凡三，支线凡四，而邮递四达，胥连络通贯焉。及民国三年，裁撤文报局，驿传之事，统于国家邮政。自铁道既兴，交通大势已完全变迁，然由此以考求沿革，规划省道，不能不视为张本焉。兹将清代台站干线及后增设支线绘为简图。

清代台站干支线简图

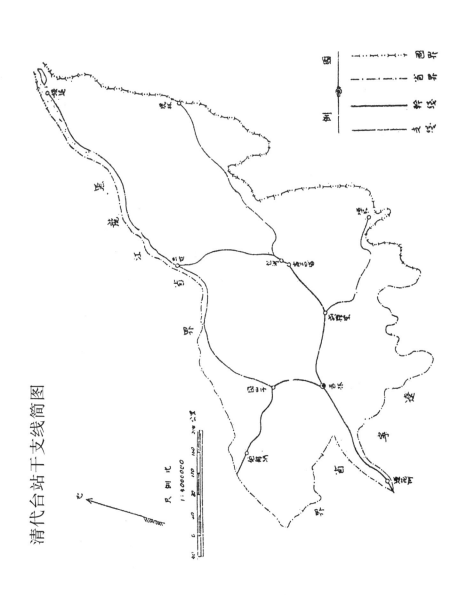

图　例

— ‥ — ‥ —　国　界
— · — · —　省　界
————————　干　线
— — — — —　支　线

铁道之交通 东三省铁路网之总长，现共五千八百零七公里。而吾吉林省，则占有一千四百八十五公里中东铁路在省境之南东两线合七百八十六哩，吉长路一百二十七哩七，吉敦路二百十哩四，吉海路一百八十三哩四，穆棱路六十二哩九，天图路一百一十一哩五。在日本势力圈之南满线未列入焉。但展省境全图观察，已成各路之大势，实多横午而无纵贯，密于腹地而疏于边徼。顷者，本省当局故亟亟计划，有兴建吉同、穆密两路之议，凡所以调剂交通之阙，为便于拓殖而巩固国防也。吉同之规划，从吉林省会，北走舒兰、五常（此段近已规定先开省道），经乌珠河站与中东路交轨，以达松花江岸之方正，由是顺江岸东下，经桦川、富锦以抵松黑两江汇流之同江，为此线之终点。至穆密之计划，则根本固在包络省东，南起敦化，循牡丹江北上，通接宁安，越中东路旁通密山，以期乌苏里江左饶河、虎林等县之农垦由是开发，而与吉同线终点之同江，遥相联带，留俟他年两线接成，作大圆形之基础焉。是线之跨越中东路也，先曾列采交轨之点三处，一小绥芬，土名六站；一下城子；一马桥河。终以小绥芬近边而地险，马桥河工艰而费巨，归着于下城子一点，就既成之穆棱铁路北出梨树沟，以达密山。两年间，从事人员奉省府命，测勘蚕丛，殊形况瘁，结果幸告成功。今于上述路工进行建筑，着手何时，尚须稍待。然计划业经确立矣，中山先生《建国大纲》所列吉省铁路方案，分作内外两半圆形，外圆为漠河、抚远线，内圆为乌苏里、图们、鸭绿沿海线。其建设内线之理由，亦缘吉省航途惟一之松花江，自扶余以下流势东趋，必赖有南北纵贯之交通借为补助，与吉省当局善用地利，重视国防之趣旨仍俨然一致也。兹将省境各铁路及计划线绘图附后。

吉海铁路图

（图说）

吉海铁路为吉林省省府建设之事业，北起吉林省会，与吉长、吉敦两路衔接；南迄朝阳镇，与沈海路衔接。全路长一百八十三公里五二七。经过长岗岭、黑熊沟、鸡冠岭、老爷岭隧道四处。于民国十八年五月十五日通车。在八百垅总站、烟筒山站，磐石站建有商场。

1:500000

吉敦铁路平面图

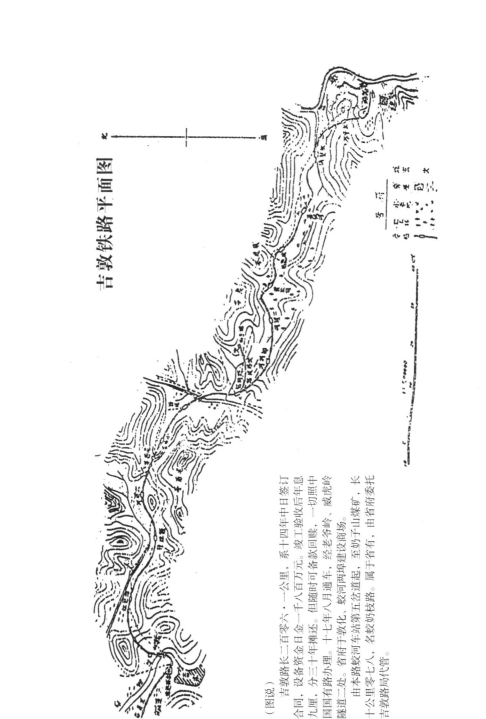

（图说）

吉敦路长二百零六．一公里，系十四年中日签订合同，设备资金日金一千八百万元。竣工验收后年息九厘，分三十年摊还。但随时可备款回赎，一切照中国国有路办理。十七年八月通车，经老爷岭、威虎岭隧道二处。省府于敦化、蛟河两埠建设商场。

由本路蛟河车站第五岔道起，至奶子山煤矿，长十公里零七八，名蛟奶支路。属于省有，由省府委托吉敦路局代管。

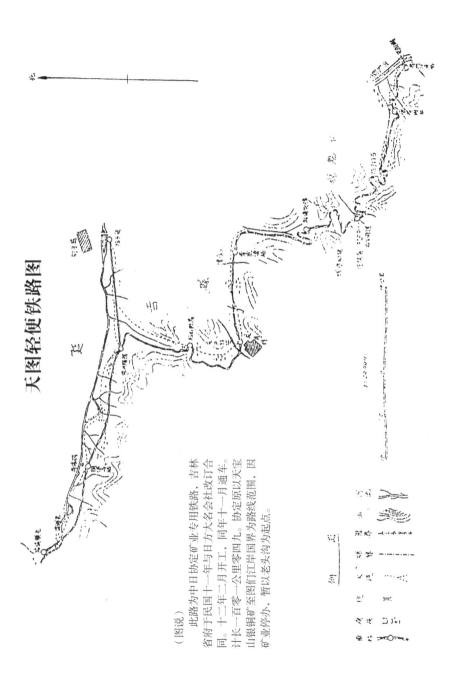

天图轻便铁路图

（图说）

此路为中日协定矿业专用铁路，吉林省府于民国十一年与日方大名会社改订合同。十二年二月开工，同年十一月通车。计长一百零一公里零四九。协定原以天宝山银铜矿至图们江界国界为路线范围，因矿业停办，暂以老头沟为起点。

吉同铁路吉五段计划线图

（图说）

民国十八年间，省府定计建设吉林同江间铁路，派遣测勘队从吉林省垣出发，经舒兰、五常，转向东北，出珠河县境，通过中东路干线，自乌珠河站北达方正以至松花江岸。其由方正沿江东过桦川，富锦以迄同江之路线则尚未复勘，著者于五常通北至方正之计画线图未经觅得，特搜绘吉五一段附录本编。

吉同路起点拟与吉敦路衔接，以该路龙潭山站接轨为宜，是沿江西北行十数里尚未勘得营建江桥活首地点，由龙潭山过扰牛河至大屯约三十华里，惟绕过转山子，地势有比较线三。此段不经乌拉街市而能吸收该市客货。再经小孤屯、桦树嘴子、二道河至缸窑，约七十华里，此段沿、黄河沿、叫唤岭、三道河子、至舒兰县约四十五里，固有名之工业地区也。由缸窑再经分水岭、黄河沿，叫沟顺溪浪河直至水曲柳冈地多平甸，但须经高四十公尺之桦树岭、而棒槌沟产煤甚丰。由舒兰东经棒槌岗经山河屯至五常县城柳四十六里，亦系平原，中经霍伦河、拉林河，劳接四台川、浦川两市、霍伦川沿近盛产木材，借溪浪、拉林、黄牛诸河下运，尤称利源云。

延敦汽车道图

（图说）

本路共长一百零五公里又八百五十公尺。从吉敦路极东点敦化县东门起，至天图轻便铁路极西点老头沟街市止。本属旧时官道。中经高岭，为后窑岭、五峰顶子，哈尔巴岭三处。跨越江河四次，计布尔哈图二次，牡丹江、大石头河各一次，又连塘十一处。

图　例

吉同铁路吉方段计划线简图

（图说）
此系省府实测缩绘之图。至由山河屯向五常、向小山子，均九十华里，因并有通过路线之理由，故俱绘列。

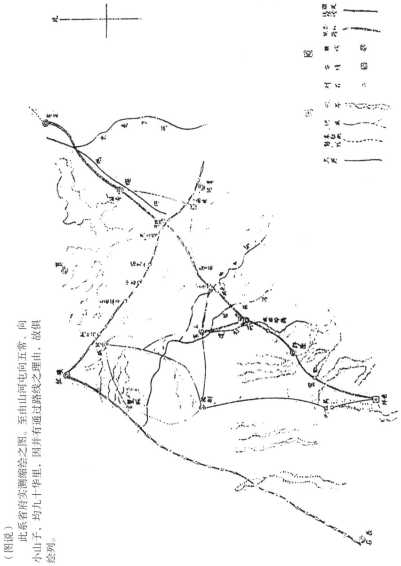

穆密铁路计划线图

（图说）

此路分两段勘测，一由中东路下城子站顺穆棱煤矿专用铁路（从下城子至梨树沟，计长六十二公里九，于民国十五年通车）东北向平阳镇三棱通以至密山。一由中东马桥河站经红泥河、青沟岭亦向平阳镇进行，但须三越峻岭，山高谷狭，工银费巨。故决计采取就既成穆棱铁路自梨树沟而东地势平坦沟身宽阔，须行七十分或八十分坡度，开凿二千四百公尺隧道一处。过隧道后，经平阳镇，再东泛密山，则皆平夷洞达，并无巨工，且路经黄泥河子煤矿，矿层深厚而无水害，质比开滦各窑带梨性，可炼焦炭，此矿即足为本路唯一富源。计全线西起梨树沟，东达密山县，凡一百二十五公里，并穆棱铁路，统计凡一百八十五公里九。

吉长铁路平面图

（图说）

吉长铁路一百二十七·七四一公里先系中日合办，清光绪三十四年十月，与日本满铁会社订有合同。宣统二年七月通过经土门岭隧道一处。民四中日新约换文改作借款铁路六年商订合同，凡工务运输会计，均用日人充主任，满铁会社并派驻代表执行合同内权务。全路财产额定日金六百五十万元，自十七年起由中国分四十次归还。每次日金十六万二千五百元，每天两次。省府于下九台、桦皮厂两埠建设商场。是年曾还付两次。

图例

永吉县治吉林省城

县治土名船厂。满语吉林乌拉，吉林沿近之谓，乌拉大川之谓，乃沿江之义。明季扈仑四部中之乌拉部，东距吉垣六十八里，沿松花江岸，清设乌拉总管于此，掌土物入贡之事。今其地称乌拉街，满语为布特哈乌拉，布特哈言狩猎也，嗣后官书故名打牲乌拉，乃译义也。船厂之说，《省志》谓：清顺治十八年因征罗刹，遣昂邦章京造船于此，故名。但康熙时，杨宾所著《柳边记略》，有船厂旧城之说，又言掘地尺许，辄得败木朽钉，疑昔曾造船于此。兹考明初永乐、洪熙、宣德三朝屡遣舟师远抚东夷，实由此出发（详本编《水道篇》），造船之事或在明初。又清初刘继庄著《广阳杂志》内载：清圣祖用台湾降将林兴珠率水师出征罗刹，造船吉林。则为康熙三十五年事，非顺治十八年也。

沿革　唐时渤海国为涑州，明初为乌拉卫地，明季属扈伦族之乌拉部，康熙十二年始建砖城，十五年，移宁古塔将军于此，以统治满汉八旗。雍正四年设永吉州属奉天府尹,乾隆十二年罢州,改设吉林理事同知,光绪八年升为吉林府。民国二年改县,十九年因省县同名,采用旧名为永吉县。现因省会划为市区,有迁县治于桦皮厂与乌拉街之议,未经择定。

形要　省垣山岭环复,江流转曲,拥抱回护,气势结聚,诚天然之都会。前清之初,将军所以移驻,则以奉天陪都,此焉近密,便于控制。又为沿边台站东西横接,故改建都会于驿道之冲。但就全省形势而论,似稍偏于西南咸丰朝,割弃东海沿岸以畀俄人,未始非将军迁驻,致东北空虚之故。与黑龙江将军自瑷珲而迁墨尔根,再迁卜奎,致割弃黑龙江以北之地,盖同一失败之由。顾今则吉海、吉长、吉敦三路既成,吉同计划线,终将实现。交通四达,缩毂于斯,俨然为东边之重镇,政区之中点焉。

附　录

自开商埠缘由　光绪三十一年日俄战事告终,中日订《东三省善后条约》,计自开商埠十六处,吉省有六吉林、长春、宁古塔、三姓、珲春、哈尔滨。吉林其一也,省境之有商埠始于是约。清宣统元年,因于东莱、朝阳两门外,区划埠地,南迄松花江,东至莲花泡,纵横十

永吉县治

余里。编订租建、警察各章。惟东省各埠均系约开性质，该约有埠章，须与日政府接洽之文，至今租建各章尚未与日公使正式协定，但领事裁判权收回以后，国内商埠俱无存在之理，现今埠章有无已可不论。

打牲乌拉考　前清时代，吉省禁山，俱属隶于内务府，而于乌拉街特设打牲总管一员，管理四合、霍伦、舒兰等处贡山。又伯都讷有菢梨贡山，年采鳇鱼、花鹿、松子仁、蜂蜜而进之内廷，专供清室奉先各殿祭品。又有凉水泉、喀萨哩及大通七处地，则牧厂也。吉林、宁古塔、伯都讷三处，又各有官庄一处。自道、咸以来，将山地鱼圈、晾网各地陆续开放，悉成民产。舒兰于宣统元年，并已设治及政体改革，指定乌拉总管所辖今五常县之四合、霍伦贡山东至拉林河，西至帽儿山，南至万寿山，北至杉松岭。与扶余境内之菢梨贡山东至九道城子，西至三家子，南至大方、中正、八井子，北至双龙山。二处仍列入皇室私产。

明季海西四部考　今日吉林省西南及奉省北界，当明中叶以后实惟扈伦四部之故土。辉发故部在今辽宁辉南县辉发河北，乌拉今吉林省东北六十八里之乌拉街，哈达哈达河西入辽河，今威远堡边门内东南有古城，即哈达故部。满人称山之戴石者曰拉，亦曰蜡，山之锐者曰哈达，今俗语仍有之，叶赫今伊通西南百四十里赫尔苏镇稍西有叶赫站，即其建牙之所，是也，明人称为海西卫。又明与叶赫互市地在北关，与辉发等部互市在南关，故亦统称四部曰南关、北关。中以那拉氏之叶赫部亦作纳兰，尤强大，其壤地亦最得形势，明人恃为中外大防，以断隔满洲爱新觉罗部之侵略。及明万历中叶，辉发等部先后为满洲攻灭，叶赫乞援于明。万历四十一年，叶赫贝勒锦台什使告明曰：扈伦四国，满洲已灭其三，今复侵我，必及明矣。万历四十四年，明朝四路援师皆败于抚顺，满兵乃由开原卫北上攻破北关，而叶赫之后援已绝，未几遂亡。明代边祸自此中于辽西列戍防秋，疲于奔命矣。

长春县西北，距省二百四十里

县治土名宽城子。《辽·营卫志》：鸭子河泊，东西二十里，南北三十里，在长春州东北三十五里。王观堂《金东北界壕考》云：鸭子河即今松花江，鸭子河泊即今松花江西之科尔布察罕泊，其西南三十五里即辽长春州，金长春县之所在。金承安三年，置新泰州于此。又，景方昶《东北舆地释略》云：洮儿河下流至将入嫩江处，先潴为湖，《水道提纲》名纳蓝撒蓝池。此水辽曰挞鲁，圣宗太平四年，改号长春河，兴宗重熙八年始置长春州，州以水名。建州在改名以后，按以上两说均极明确，科尔布察罕与纳蓝撒蓝实一湖而异名也。辽长春州，金长春县治，遂可定为今江省大赉县治旁近，清嘉庆设治时，沿用辽金旧名，而地点相差实远矣。

沿革　元属开元路。元太祖遣弟哈布图征郭尔罗斯部，擒其酋哈布图，后为兀良哈部泰宁卫地。十六传至乌巴什，遂分郭尔罗斯前、后二旗，是地属前旗。清天命九年归清，嘉庆五年，查有垦民二千余户，垦地二十六万余亩，因借前旗地置长春理事通判，设厅治于新立屯南距今县治五十里。道光五年，移于现在治所之宽城子。光绪八年，改设抚民通判。十五年升为府。民国二年改县。

形要　县境南扼伊通边门，东通省会，出县境三十里即坡坨起伏，果尔敏朱敦山脉沿柳边蜿蜒北走，是为当年满蒙之界划，边外则弥望平原。自中东铁路告成，平夷洞达，商旅辐辏。逮日俄战事既终，北属中东，南为南满，此焉接触。自民国二年，吉长铁路通车，是地方扼南北满交通之冲，为关东巨埠长春商埠，为《中日东省善后条约》自开商埠十六处之一，清宣统元年在县治北门外辟放埠市。境内农产，亦冠于各属。

德惠县西北，距省三百四十里

县治土名大房身。旧属长春府时，境为沐德、怀惠二乡地。

沿革　与农安县同，宣统二年，析长春府西北境置县，同为郭尔罗斯前旗地。

形要　境内驿马、沐石诸河迂回北注，左带松花江，水道纵横，农利最溥。南尽柳边，中东路斜贯全境，转输农产，称边外之膏腴。而平原草甸，犹多荒弃，他时水田尽辟，尤大利所资。

农安县西北，距省三百六十里

县治土名龙湾，为辽时之龙安城。

沿革　唐时，渤海之扶余府。辽祖平渤海，有黄龙见于城上，改为黄龙府《辽史》：辽太祖所崩行宫，在扶余城西南两河之间，后建升天殿于此。按之地望，正伊通河、松花江汇流地，今县境江石砬附近汇口处有小山一。《一统志》及何秋涛《朔方备乘》均谓黄龙府有二，唐人诗所谓旗鼓龙城、龙城飞将之说，乃指今热河朝阳县而言。其地北扼卢龙塞，晋前燕慕容皝所都和龙城是也。其一即属农安。大别言之，可谓卢龙塞之龙城，隆安一秃河之龙城。金济州，又改为隆安府。元初，为金之上京残破，曾侨治开元路总管于此。后徙今辽省之开原县。明初为伊屯河卫旁境，后属郭尔罗斯前旗。光绪八年，借蒙地设分防照磨，属长春抚民通判。十五年改县。今仍之。

形要　境内尽属平原，当松花江左而扼伊通河之委流，川原交错，农利之饶同于德惠，而鱼产尤丰。地势之重要更居蒙满咽喉，辽金时代为四战之地，明初，大将冯胜破元太尉讷楚于隆安，尤汉兵建绩于东北塞外最有光荣之历史。由吉林省垣西行七十里为桦皮厂，五十里土门岭，二十里马鞍山，二十里九台，由此出柳条边。正西微北七十里双山子，又西北四十里郭家屯入农安界，西北三十里万金塔遗址，二十里高家店，二十里花园，由此入草地。正北三十里卡仑木，二十里郭尔罗斯前旗郡王府，共十一站三百九十里。

附　　录

志辽塔　《辽志》云龙安城在一秃河西即伊通河，周七里四门，今县治尚仍辽之旧。城外有塔，亦名龙安塔。塔为辽天圣年间所建，高五十余丈，其顶已秃，上多雕刻石佛，吉省境内辽代建设，惟此而已。又县治迤东伊通河岸，有浮图基，土人称万金塔。遗址就湮。

长岭县西北，距省五百二十里

县治土名长岭子。渤海国长岭府领瑕、河二州。景方昶云：吉林西南五百里有长岭子，满语谓果尔敏珠敦（按：东辽河发源于此），渤海命名盖取此。所属河州，乃在伊通河上游一把单河。是说与《吉林外纪》长岭府在吉林西南之言亦合。现今长岭县，乃在吉林省会西北，地望既差，况全县并无山脉，名称亦为失据。清季设治时，乃就土名长岭子而定名者。

沿革　元、明建置与农安同。清光绪三十四年，就郭尔罗斯前旗牧地设县，今仍之。

形要　全境平原，无高山、大川。县治迤北有沙漠地，与达尔汗旗界东西延亘，故春、夏季候风从大漠吹来，土脉干燥，农产逊于农安。只东南一带，垦辟渐广。西界辽宁省之开通县，为四洮铁路所经，故县境交通大势重在西路。

乾安县西北，距省六百二十里

县境位省垣西北，属于乾方，故曰乾安，并有借蒙地以安民之义。县治名长发屯。

沿革　明代为兀良哈蒙古福余卫属地。清代划松花江为界线，内满外蒙，县境居江外，属东蒙哲里木盟郭尔罗斯前旗牧地。民国初年，直、鲁民迁垦渐多。十三年，始设蒙荒局于此。十六年，设乾安县设治局。官收荒价以一成充建设费，四成五给蒙旗，四成五解部。就全县适中旧名官井地方又名长发屯设治，全县二百七十四整井，整四方形，每井三十六方里。三十五破井即不整方者，故方里不一。分划六区、五镇。治城为第一区，外为大馒头哈、吉林营子、大坨子、大木苏哈里、海坨子。五镇即区所在。每井大概建为一村，故县境疆理，最为完整清晰。

形要 全县有池泊大木苏泡、花晓泡，南北均长十五六里。而无河川，亦无山脉。平原弥望，旷荡无垠。东南环以蒙疆，孤悬省境之外以农安西北境最与县东南境近接。但中间仍隔蒙地二十余里。北接江省之大赉，西北毗连辽省，全邑纵横二百数十里，乃连跨三省，介居汉蒙之壤，崔苻平治，故自昔重视。此后原野日辟，交通日便，亦省西藩卫也。县治迤东大道，通过蒙地达扶余界百二十里。西道至四洮路开通县车站百六十里。以交通上自然之趋势，重在西道。惟土质干燥，水源缺乏，大漠来风常挟沙而至，欲农利之溥，端借造林为基础焉。

磐石县 西南，距省三百里

县治土名磨盘山，治城北山顶有石如磨盘。

沿革 金回霸路之尼玛察部，后为回霸国。《金史》：尼玛察部人旺吉努筑城回霸河边，因号回霸国。明为扈伦族之辉发部。辉发即回霸音转，辉发故城在今磐石县南辉发河滨，属辽宁省辉南县界，乃辉发部建牙之所。其城周围仅半里许，地址浮起，埤墙之迹尚隐约可辨。土人云：阴雨之际，往往望见故城白气濛濛，今于岭上临高下瞰，全河在目。此岭高处曰茶尖站，清高宗巡行过岭曾打茶尖，故名。清初，南境属奉天围场。光绪八年，设磨盘山巡检隶伊通州。十三年裁，设州同知。二十八年，改设磐石县，今仍之。

形要　境内山脉层叠，俱东西横断，旅行殊阻。农产逊于旁邑。县东辉发河支流区域，涧水苦寒，居民每患拘挛。惟地方开辟已逾一纪。生聚繁庶，省南称最。金属之矿俱有发现。松嘴岭铜矿，夙有成绩。自吉海铁路告成，与沈海接轨，此地遂绾辽吉交通之毂。比者，省府定计开辟烟桦、烟双两省道，东通桦甸，北达双阳。省南天产乃集中县境烟筒山站，人功建设转移地利之关系，不綦重欤。

桦甸县南，距省二百七十里

县治土名官街，先拟在县北桦树林子设治，其地又称桦皮甸子，因以名县。

沿革 唐时，渤海国主大祚荣为唐兵所败，东奔至辉发河松花江合流处之东牟山，建国号曰震。后移忽汗州（今宁安）。金为赫舍哩部。《金史》：赫舍哩部阻兵，普嘉努以偏师夜抵石勒水击破之。考水在今县南，下汇松花江。明为法河卫在县西，后属白山国之讷音部。县境南扼头、二道江之汇口，《清史》称大小讷音河。亦称额赫讷音之野，清初概属封禁地。康熙十六年后，长白山升祀。山之四周千余里间，移垦、刨参、采珠、伐木悉在禁例。是禁地西南连接奉天二十四围（今海龙、东平各县），因又为山兽滋生之所。清同治间，韩氏效忠始启山林。光绪三十四年建设桦甸县。今仍之。

形要 地当白山之阴，北干丛山沿二道江西走至汇合处，天然襟束。大江北流贯彻中心，两岸平原展阔，农垦适宜，而气候殊温，山林之利，尤县境与濛江所擅有焉。近年朝鲜侨民纷集，水田渐广，官厅统治殊堪注意。松花江流东纳蛟河、漂河，西受辉发河，是全县水利所资。沿古洞河右岸为白山北麓之要道，是形胜之在东南界上者。此道即古代由鸭绿江上游北进之通途，参见本编《交通篇》。

附　录

韩边外传略　自吉林省城南行一百八十里至大鹰沟，由此而南三十里为桦树林子，又二十五里为木奇河，又迤而东南百九十里为夹皮沟。当前清同、光间，鲁民韩边外招集燕、齐流民采金此沟，严约束，远斥堠，生聚日繁。韩氏号令所及，人民奉行惟谨，盗贼不闻，奸伪不作，俨于柳条边外别开世界。吴大澂筹边莅东，赏其才略，为更名曰效忠。韩氏势力范围自大鹰沟起，直至古洞河、大沙河，二河皆发源长白山北麓，经安图县界入松花江。并及松花江西之荒沟。那尔轰岭外所谓夹皮沟者，在松花江东，峰回路转，溪涧环复，进沟之道盘旋而行，狭仅容一骑。金厂繁盛时，百工杂技远近麇集，及效忠既殁，金矿事业随之衰歇，然地方治安仍借韩氏保障。清季设治以后，犹存有特殊情形。至民国十三年，始完全属县府统治，称江东五区云。

濛江县东南，距省四百六十里

濛江满语为恰库河。源流有三，至县治北汇珠子河，东入松花江。

沿革　金为舍音水之完颜部，《金史》：完颜部契丹时有五，此乃别部。明鄂尔珲山所即那尔轰之音转，山在今县北，与磐石接界。明季同属讷音部。清为封禁地。光绪三十四年，建设濛江州。民国二年改县。

形要　地当白山之左，北出之费德里鄂珲山脉，环带县境西、北两面，故境内之水尽东流。县治据珠子河上游，沿河东达松花江约八十里，而乱石林立，占河床之大半。民国六年顷，省署曾有分年开凿，以利材木下运之议。横贯县城。一旦浚凿，西北丛山森林之利，已冠绝东省。南道所通，环接辽省长白、安图各县，足以控扼东边。近年侨垦韩人就溪谷种稻，自成部落。山林弋猎之利称最。特以山岭奥复，交通艰阻，虽设治二十余年，而开发独晚。境内物产，尽经辽省辉南以赴吉海线之朝阳车站。虽东达抚松，西北达磐石县，俱为大道而崎岖不平，除冬令外，殆断交通。抚松县种植参苗及各类药草，摘采木耳、蘑菇、乌拉草类人民，为避吉省重征之苦，特于西南开岭道，经辽省临江县，沿鸭绿江而下，不出本邑。

伊通县 西南，距省二百八十里

伊通河发源县东围场，今辽省东平县。北经长春、农安汇入松花江。辽金史作一秃河，又作伊图河、伊屯河，皆一音之转。

沿革 金咸平路。元属开元路。明为达喜穆鲁卫、伊屯河卫地。后为扈伦族之叶赫部地。清高士奇《扈从录》云：夜黑城在北山之隈。砖甃城根亦有子城，尚余台殿故址。又一石城，在南山之隈，今城址划除，殆难指认。嘉庆十九年，设分防巡检，属吉林理事同知。光绪八年升为州，民国二年改县。

形要 县境向西南突伸，为狭长形，扼威远堡边门之口。明代于此，疆界华夷。晚明东事既起，恃为辽沈藩卫。至于有清，康熙朝柳边之外悉置台站，吉林、奉天间交通，伊通扼其中点。故东属围场，辽省海龙、东平、西丰等属清初皆为围场。西属科尔沁达尔汗旗界，今为昌图、奉化等县。独留此一线通衢，若司管键。今南满铁道不经县境，形势已有迁变。而三面毗连辽省县属最多，各地商货赴南满或东赴吉海转输外运，仍以县境为中枢。惟道路废坏，近年官民议开伊公南满路公主岭站，伊烟吉海路烟筒山站，两道。距离均百余里。路成之后，行见地面发达，可断言也。

双阳县西南，距省一百九十五里

双阳河为满语苏斡延之转音，下注伊通河。苏斡延，满语浊流也。

沿革 明为依尔们河卫、苏完河卫。宣统二年，分吉林府西界，长春东界，伊通北界，就省南苏斡延站设治。

形要 吉、长、伊三属为吉省大邑，故县治设置虽后，而垦辟已久。境壤虽狭，而农利实溥。地居柳边之东，古时外环蒙界，边台罗列，今已为腹地焉。

舒兰县北，距省一百八十里

县治土名朝阳川。舒兰满洲古地名，为省北台站之一，满语果实也。境内四合川、霍伦河旧属前清贡山，为采贡山果之地。

沿革 明属阿林卫。康熙二十年设巴彦鄂佛罗防御旗员，管辖边禁、采捕事宜，仍属之乌拉总管。宣统二年，分划吉林府北界，增设县治。

形要 北带柳边之尾法特哈门，法特哈满语蹄也，又法佛哈满语炉也，门旁一山似蹄形。西旁松花江山脉横午，东南尤万山丛杂，有呼兰即霍伦，铃铛岭诸峰为拉林河所出，故境内水道纵横，渔、林、采、樵之利兼备。农业以县治旁近暨溪浪、霍伦诸河沿岸，最为饶沃。

附　录

冷山考 古代中原人士流寓柳塞最久者，首数宋之洪皓。洪氏所著冷山集《松漠纪闻》，述今吉省风土，尤为史地学最古之书。《宋史》称：洪皓奉使女真，羁留冷山十五年，居陈王乌舍聚落，为陈王教授其子，以桦皮习书，远近向慕。冷山地点，《松漠纪闻》云：去宁江州百七十里，又高士奇《扈从日录》云：额木赫索罗站东北二百余里，自必尔罕必喇北望，相去约数十里，土人呼为白山，即冷山云云。《柳边纪略》：余于必尔罕北望，相去约数十里，积素凝寒，高出众山之上，土人呼为白山，洪皓所居也。今县治东南小城子，有金代完颜希尹墓，希尹即乌舍，墓碑作晤室。

其地即陈王聚落所在。当拉林河上游霍伦川、溪浪河之间，群岭延接，冷山属此自无疑义。景氏方昶《东北舆地纪略》，曹氏廷杰并主此说。又按，小城子附近有南庆岭、北庆岭，庆岭即青岭之异名。史既称冷山为陈王乌舍聚落，是必非在山上而在山谷中无疑。今小城子北二百步有古城，周三里，中有石虎高三尺，意即洪氏授读之所。且按之《松漠纪闻》所志里到，固无勿合也。采《辽东文献征略》。

延吉县 东南，距省城七百四十里

县治旧名延吉冈，又作烟集冈。亦称南冈。实南荒二字之转。设治时，因驻有强吉、延吉等军而名。

沿革 金置海兰路总管府。金末，叛将蒲鲜万奴于海兰河、布尔哈通河汇流处今名东城子山，建立南京，号东真国。事在西历一二三四年，其领土南迄朝鲜咸镜道之平定一带，立国二十年，为元师攻灭。明锡璘卫，即今细鳞河，在县西铜佛寺站南。清为南荒围场。光绪二十八年，设延吉厅同知。宣统元年升为府。民国二年改县。

形要 县居长白山之东，白山东出之穆德亨干脉又作温德亨，促音为盟温，满语祭所也。障其北，图们江带其南，倚山面江，实为长白东麓一大平原。河渠横午，农利倍饶，清季尝视为国防重地，谈省东边事，必首数及此。而今则韩侨纷来，喧宾夺主，日警侵驻，门户洞辟，边情又一变矣。全县户口，韩侨占十之六。

附　　录

延边开埠记 清宣统元年，《中韩图们江界务条款》，开放县境之局子街、龙井村即六道沟、头道沟，暨汪清县之百草沟四处，为自开商埠。二年，划定埠界，实行开放。此在《中日东三省善后条约》吉省开埠六处之外，并四埠而论，省境凡开商埠十处。

老头沟煤窑记 县境天图铁路，本限定从天宝山银、铜矿区起，迄国界图们江岸为止，故名天图，乃矿业专用铁路也。嗣以天宝山矿苗衰竭停办，故路线改由老头沟煤窑为起点焉。天宝山者，东距延吉县九十里，清光绪初年，以银矿著名，经程光第开采，不久以资竭中辍，而私贷日本商款，究其内容，罕有明了者。至民国五年，遂以中日私人债务纠葛，浸成国际交涉。结果，由外交、农商两部允准，华商刘绍文与日方南满大兴合名会社合资开采，定为银、铜矿，限矿区为六十华方里。惟其矿线散而不聚，十年即宣告停办。先于六年间，日方又提议延吉老头沟与和龙三道沟两煤窑，曾经前清吉林将军准许为天宝山矿之附属矿区，请求开采。屡经磋磨，日方坚持刘绍文禀请合办报领在先，应有优先权。结果，由吉林实业厅与承办天宝山之大兴会社，于七年九月间，签订《中日合办老头沟煤矿合同十九条》。定矿区十华方里，资本日金二十万元中日各半，合办年限为二十年。十二年春开始经营，至今继续采掘，年产二万数千吨。矿区为波纹形纵行之丘陵，东为柜子沟，西名老头沟，故中高而旁下。在北端，老君庙附近地最高，比布尔哈通河畔老头沟镇约高二百四十公尺，向南渐低，至南端，又突起元宝山对峙双峰。峰麓谷地，则布尔哈通河与天宝山河之冲积层也，最宜耕种。由此迤西，愈远地亦逾高，至天宝山，则层峦叠嶂，颇饶风景。涧水东注，悉入布尔哈通河云。

和龙县东南，距省八百里

县治旧名和龙峪。又名大砬子。其名始见光绪十年《吉韩通商章程》。

沿革 明赓金河卫。《明史》：永乐五年，置赓金等五卫，以部人克成额为指挥。考赓金河即赓吉音河，今名阴阳河，在县治西，与辽宁安图县交界处。清光绪十年，开放和龙峪、光霁峪，西步江为中韩互市地。二十八年，设和龙峪分防经历，属延吉厅。宣统二年，改设和龙县。今仍之。

形要 图们江环带，南、东悉为中韩国界，绵亘县境六百余里。吉省东南形势实属于和龙，以近接北韩，而为延吉之外障也。全县户口，韩人占百分之九十五。日本在北韩，军事地理根据于会宁，逾江而北，县治当其冲。自天图铁道既成，更属中日交通之枢，为满韩之纽。现在日本于会宁至清津铁路已成，出清津港，直至日本敦贺。而长白山脉横隔满洲。近古以还，南道久废，由奉天围场（即今海龙县）出安图县，斜沿古洞河以达和龙，俗呼盘道，现移垦民人颇多出此道者。甲辰岁，日俄交战，日本并修有军用电线，溯图们江转出长白山南沿混江，至安东县。及丁未岁，日本又有与韩氏合修夹皮沟古洞河大道之议，盖此道从古为交通衢路，明季清初犹有兵事关系。及康熙朝，划定围场，长白山右悉为禁地，乃举千里奥区，委为榛莽。一旦刊辟，惟和龙司其锁钥，可以开发东陲，转移南满之地势，则又对内交通之宜注意者。

附　　录

韩侨迁垦记　清初以后，朝鲜贡道出奉天，由韩新义州过江至凤凰城，中国乃伴送之入贡。中韩互市于鸭绿江之中江台，九连城东，江中洲渚。若吉省图们江左岸，在清康熙朝，曾于江左划留隙地，禁止人民阑入，特指定鲜境会宁、庆源两地为互市之所。会宁每年正月一度市易，相沿谓之单市。庆源每二年一度，称为双市。但准我往，而不准彼来，由宁古塔副都统派员监督之，名曰大换。其奈韩境人稠土瘠，一逾江流北入我界，便沃壤膏原，天然宝库。今延吉、和龙、汪清等属，正当长白山之南，以金矿为最富。有石建坪等线金产地，有黑顶子、珲春河等沙金产地，开采期始自同治间，而延吉正西约百里，现中日合办之天宝山银、铜矿发见在光绪初。余如铁矿、煤矿蕴蓄俱厚，加以森林蓊蔚，猎业斯兴，河流纵横，适宜农业。

清廷每岁仅由乌拉总管采取蚌珠及兽皮于此。计自今宁安县瑚珠站南至图们江岸，尽荒漠无人居，陆路交通尽在鲜境。《清会典》载：康熙朝，派遣满员查山勘边，由清廷檄谕鲜王，所经钟城、稳城各地，妥为保护，可见通道全在鲜境。故光绪初，开辟延边，我境江岸一带，每用对境地名也。康熙季年，始设协领于珲春城，故其时图们江右岸之朝鲜属我保护国，初无所谓边防也。自咸丰十年，《中俄界约》既成，左岸从沙草峰以南下游尽为俄有，于是吉省遂无海岸，并江口亦非吾土，而边防始紧。同治八、九两年，朝鲜曾大饥，野殍狼藉，饥民挈眷至江左，今延吉、汪清等处。将妻室子女鬻于华人，每名只换米一二升。然由此种，界亦得稍开，而剃发易服回国者，仍不齿之。清廷以韩民越垦，屡下严令刷还，令弛辄又侵入。光绪初，法禁稍懈，至者遂多。图们江右韩境数城，均山岭濯濯，土瘠地贫。光绪七年，吉省派李金镛勘荒珲春，条陈招垦。十一年，吉林官府因俄人私与朝鲜通商，以庆兴郡为互市地，因开放和龙峪、光霁峪、西步江三处为中鲜商埠，订立《朝鲜通商章程》，以资对待。先时，中国于韩人向不征税，及开埠贸易之制行，刑部郎官彭姓为中韩通商委员，自是两国国界开矣。先，吴大澂勘边至此，曾有我界垦民一例剃发入籍，编甲升科之请，韩王尼之，未果。至是，既与韩协订通商章程一面，遂有越垦局之设在和龙峪，旧令悉除，韩民麇集。越五年，准领照升科，十六年。旋改设抚垦局。初，韩人踪迹限于海兰河南，今和龙县属。其后华民佣雇为佃，租给开耕，蔓延益远。至光绪庚寅，上自茂山，下至钟城崴子，茂山钟城韩地名，时我界每以对江名称名吾土，上文犹茂山、钟城隔江左岸之谓。江滨沃土二百余里，悉行丈放。于是江左一带人口蔓延，几倍华民，地理关系始稍稍注重。已而立水师营十五年，设治二十八年，设延吉厅同知，招兵同年，招驻延吉、强吉军四营。布置略备矣。及光绪三十年，中日"间岛"交涉起，韩民已遍延边，垦民达五万余户。清宣元七月，"间岛"交涉解决，订定《图们江界务条款》五条。内载：汪清河西，老爷岭东，概作杂居区，原有垦民均有土地所有权，统受中国管辖，裁判与华民一致，属此区者，为延吉、和龙两县及汪清县之西半。顾在上述杂居区外之韩民如何处置，则未有成文之条约。但于会议录中载日本伊集院公使之声明："杂居区外，亦可照此规定，归中国国家统治。惟鸭绿江岸一带韩民，应俟将来另行商夺。"讵意民国四年，中日新约告成，日本当道援新约第八条："现行各约除本条约另有规定外，一概仍旧实行"之文，强自主张，须将界务条款内垦民悉归中国管辖、裁判各规定，均行撤废。是年九月，驻延日领遇有垦民民、刑各案，便开始逮捕。而我国之主张则谓新约八条之解释，正所以保障界务条款继续有效也。无奈日方逮捕如故，讯办如故。吉省长吏乃退一步恝之，谓：界约能否继续，可俟两国政府交涉之结果，此时姑维持向来之办法，而日领事不允。已又提商，凡经入我国籍之垦民，不能逮捕，引韩人之入俄、美籍者为证，而日领又谓韩人户籍未清，纵入中国籍，日政府固仍认作帝国臣民也。因是，日警诇知已归化我之垦民，更指疵索瘢，动辄拘去拷问，以证实其主张。六年春，珲春且发生日兵越境示威之事。吉省长吏明知愈因循愈失败，谓宁退让以就解决，无令腐烂以滋他故。然入告前外部数十次，卒无确实办法，日政府实亦利用此拖宕手段也。后并彼伊集院公使之声明，俱多回避。至九年三月间，朝鲜李王薨逝，鲜境突起独立运动，声势甚盛。我延边之鲜垦，感受影响，到处纷扰，日本乘机广派军警越界侵驻，我方抗议再三，日军始撤，而日警已成永久性质，计常驻者三百余名，至今分驻延、珲、和、汪四县，凡商埠内外凡二十处。

延吉九处，珲春、和龙各四处，汪清三处。日本驻警新在，辄置朝鲜居留民会受日方指使，鲜人社会中事故，彼故纤悉备知，得任便干涉。彼拓务省又遍设金融会社，名为救济鲜人农业，收押地照低利出贷，凡隶名民会之鲜人得享种种利益，非此者为其嫉视，由来渐矣。十九年五月间，鲜境共产党匪潜入延边，焚杀劫掠骚然不靖，日警于常驻者外，更侵进便衣警队、汽车队，其人数乃迁调无常。吉省东南之患盖已如是。兹据行政方面十八年冬调查，延边四县统计已、未归化鲜垦，男女已有四十万零二千九百七十六人。延吉二十二万一千二百五十三，和龙十万零二百七十六，汪清三万一千六百八十二，珲春四万九千七百六十五。于四县总数人口中，实占百分之七十八云。

架设图们江铁桥案 民国九年三月间，朝鲜境内纷谋独立，我延边鲜侨亦多响应。日本乃借口进军，在图们江上三峰地方，架设军用浮桥一处，接通鲜境。图们铁道，除军用外兼运客货，将我岸渡船利权侵夺，迭经我方抗议，讵日兵撤退后，浮桥仍在。及十年夏，桥被水冲失，复在迤北处重建一较前宽广之桥。其时我方与日商饭田合办之天图轻便铁路已经通车，此路与鲜境之图们铁路本相衔接，今此路，日政府已收为国有。于是图们江架桥通车之议，势在必行，争议多年，至十四年二月间，始经解决。双方议定：合建钢骨桥梁于上三峰。采用英尺二尺二寸复式线，桥面两旁敷设步行道以利交通，建桥费各半担任，订有《图们江架桥协定》八条。又因国境交通关系，订定《天图、图们两路联运规则》廿七条，桥工于十六年完成。

汪清县 东南，距省一千零二十三里

县治土名百草沟。治东有大、小旺清河。满语旺钦，堡垒也。

沿革 明阿布达哩卫。今县治西绥芬河上流有地名东沟，即该卫故地。清初，库雅拉部钮呼特氏居此为世管佐领，今大坎子地方。宣统二年，析珲春、延吉境设汪清县。今仍之。

形要 图们江屈曲东流如几字形，县境临据其上。东翊珲春，西卫延吉，隔江与韩国稳城相对。北倚丛岭，山径纷岐，东南一带平原膴膴但农利方开，已成韩人唯一之移垦地。户口统计，韩人约占六十分之四十五。扼图们江下游一面之险，无当于东边全局。从图们江下游转向珲春北进，县境当其冲，但江右悉属朝鲜，江河之险于邻国共之。

珲春县 东南，距省一千二百里

珲春，《金史》作乌蠢，亦作乌春。

沿革 唐代，渤海国南京南海府治所。辽金时，为金朝完颜部肇基王业之地，《金史·穆宗本纪》：土门、乌春二水之交，乌库哩部与率宾水部起兵。太祖往攻之，抚宁诸路。后为上京海兰路。明为珲春卫、通肯卫、蜜扎卫。明季，满洲舒穆禄氏所居。清康熙五十三年，设珲春协领，管辖捕獭牲丁。光绪七年，设珲春副都统。宣统元年裁，设珲春厅。民国二年改县。

形要 珲春为吉省南东门户，倚山、控海、临江，本四塞之区。自咸丰十年，割图们江下游左岸界俄，毛口崴、岩杵河各港岸，均为俄有，海疆门户无存。因是形胜全亡，而一省之商业、军事、交通，亦胥失其势。今县境三面密迩日、俄，褊浅暴露难语国防。农田垦辟，多在珲春河两岸。鲜垦占十之七。上游则为白山东干穆克德亨余脉所环带，西北赴省孔道有大盘岭，巉岩横阻尚待开辟。冬季，常假道韩境钟城、偏脸城。

附　录

珲春古城边壕记　唐代，渤海国传世最久，地域广远，分建五京。上京龙泉府，即《唐书》之忽汗城，今宁安县东京城是也。故都宫室尚有遗址可寻，其东京龙源府，为今苏联沿海滨省尼古里斯克。华人名双城子。南京南海府则在今珲春县境，境内古城罗列，果今何处古城为当年渤海南京之遗址，现尚无坚确之证明。唐晏氏《渤海国志·地形志》云：南京为沃沮故地，垒石为城，幅员九里。观今各古城中，如城墙砬子城、八连城等基址之恢廓，地势之扼要，皆具有京邑规模。兹将县境古城有遗迹可认者，分记于下。

八连城　又名半拉城，西距县治十五里，纵横各二百五十丈，四面门各一，内有子城七，中央凡三，左右各二，均相联属，共有门十四。北外垣之内，子城之北，有横墙一，旧称北大城，并七城而为八，故称八连。子城亦俱正方形，纵横各五十丈，南城并有重垣遗迹。是城与斐优城间有石台，高六七尺，宽七丈，南北五丈，旧名四方坨子，俨然古时宫殿中之宝座也。距此西北半里外，并有同样石台一。斐优城西距县三十里，四方形，南有瓮城，环列土垒十九。温特赫部城西距县治二十里。小城子县南十八里。石头河城县南二十八里，垒石而成。萨其城县东二十五里，泡子沿、南山之麓。密江城县西北六十里，南濒图们江。通肯山卫古城县东北二百五十里。营城子古城县东北九十二里。弓形山城县东北二百二十里。城墙碴子城县东北二百里，高耸山脊，东西四里余，南北约六里。城内街衢坦荡，历历可认。东门一，临清泥湾河。北门有重垣，外垣皆叠石而成，石材坚整，居民挖取，日就剥落。下马滴达河城县东七十五里，叠石为垣。桃源洞城与下马滴达河城对峙。小平顶山城县东北一百六十里，因山为城。红旗河城县东北一百七十里，东倚山岭，面环红旗河。城内沿墙有孔道，广及二丈许，屋基排列有序。干沟子山城东北距县治四十里，因山建筑。城内市街、屋舍，遗址宛然。

边壕：珲春北境，东起中俄分界之拉字界碑，迤北有边墙，向西北行，每隔十里有土垒一，或双垒并峙，高约丈许，基广一丈五六尺。又自勇智乡洛特子山起，并见边墙蜿蜒，堡垒接续。至兴仁乡之水湾子，随山高下，直高山之顶，常有巨垒建其上。更向西北，在德惠乡方面，又有沟堑深约六七尺、三四尺不等，堑左犹存边墙形迹。由密江屯迤西，至珲春与汪清分界之黑滴达，循图们江岸山岭而南，筑有石墙，高及丈许，远至汪清县界之孤山子、北凉水泉子街始尽。又石头河窟窿山顶亦有土筑边墙，迤逦而西，至延吉县境。上述墙堡若断若续，是否渤海国之遗迹难于证明。或谓金源之兴，与高丽争界，此实当交战之冲云。

古塔：县东九十里塔子沟北山坡，有古塔一。塔上字已模糊，系方砖砌成，砖厚五寸，纵横各一尺五寸，坚硬如石，土人拆取作磨刀之石。现在塔根古砖已拆移十之七，塔柱向东南倾斜，而仍不倒。又南山坡有塔基一，仅留遗址。

东宁县

县治旧名三岔口。

沿革 渤海为率宾府境。金属恤品路，明为绥芬河地面，置率宾江卫。清光绪三十三年设绥芬厅。因地僻道阻，侨治宁古塔城。宣统二年，宁古塔城设宁安府，因析境移治于此，改名东宁厅。民国二年改县。

形要　中东铁路东出国界，县境绾其口，实国防之重地，亦交通要枢。惟瑚布图河上游迤北，山岭丛错，亭障不修，俄骑兵扰边深入三道后堵，频启交涉。十八年间，中苏国交纠纷之顷，苏联设司令部于大乌蛇沟对岸，而从团山子、高力营距县治八里进攻，遂为所乘，是尤边备上至可注意之事也。全境多山，故农利不如矿产之厚。县南九佛沟、柳毛子河、城场沟煤苗遍地，已开采四处。上年，官民议从九佛沟、小绥芬间辟为县道，名绥九路。他如万鹿沟金矿，亦颇著名。若开发境内交通，则诚根本之图也。从县治三岔口至东路绥芬河站一百四十里，议修汽车道，正筹款待办。

附　　录

记乌苏里铁路　俄境乌苏里铁道创于一八九二年（清光绪十八年）。俄废皇尼古拉斯二世，时犹为太子，曾来远东，于双城子手掇一石以行开工礼，阅五年竣工，因名双城子为尼古里斯克。其自双城子西接我中东线之支线，凡一百四十华里，则又后二年始竣。此路桥梁之最巨者，如利浦河、伊曼河、毕克河、克雅河、哥尔河，长有七八百尺，短者亦达二百五十余尺。伊曼停车场与我虎林县隔江对峙，有支线通至江畔革拉夫斯克，冬季橇车出发点也，自双城子站南达海参崴，计二百零四华里，北至伯力，可转出阿穆尔线，环带我黑龙江北面。西迄敖嫩河畔加鲁牟司喀雅站，与彼西比利亚铁路衔接。

记双城子古迹　双城子，唐代渤海国东京龙源府故址也，以东西二城得名。相距四里许。前年，曾发现大金开府仪同三司金源郡明毅公神道碑。吴大澂氏谓：系金完颜勖之墓地。前清《一统舆地图》：东城曰傅尔丹，西城曰朱尔根，有古碑一，在东城。字迹剥落，有一行存"宽永十三年湖北进马"九字。湖北，殆指兴凯湖北。相传，"马"字下，尚有"三千匹"三字。承以赑屃。考《唐书》：渤海国贡物，有率宾之马，湄沱湖之鲫。双城子时为率宾府，乃产良马之所。其宽永年号，疑系渤海，非关日本后水尾天皇之宽永纪年也。

宁安县东北，距省八百里

当满洲部落时代，地名宁古塔贝勒，宁古塔，满语数之六也，贝勒，部长也，时名牡丹江。下游今依兰县，则谓依兰喀喇，乃言彼为三部，此乃六部也。

沿革　地为肃慎氏故墟。唐贾耽《道里记》：肃慎大城在忽汗城南三十里。《通鉴》：东晋前秦苻坚之侄行唐公苻洛反于幽州，遣使征兵于乌桓、高丽、新罗、休忍等部，均不至，云：不能相从为寇。休忍，即肃慎之音转，嗣后肃慎，休忍等名词遂不见于史书。其后为挹娄，为勿吉。至黑水靺鞨大祚荣建渤海国，始立都邑，号上京龙泉府（《唐书》称忽汗州）。辽灭之。辽太祖阿保机，于天显元年破渤海，其酋大諲撰出忽汗城，素服蒿索牵羊率所部降，上优礼而归之。诏立渤海郡县，以渤海平定，遣使告唐。改渤海国为东丹国，改忽汗城为天福城，册长子突欲人皇王。其后太宗立，迁东丹国于东平（即今辽阳），移其民而墟其地。人皇王惧，由海道来华，唐明宗为改其名曰李赞华。后契丹伐唐，为唐主李从珂杀害。金呼尔哈路万户府。元初呼尔哈军民万户府。明奴儿干都指挥使治此，以领东北野人诸卫。清顺治十年，设昂邦章京。在今县治西五十里之古城。今城系康熙五年建，因称古城为旧街。康熙初，改设宁古塔将军。十五年，移驻吉林而设副都统于此。雍正五年置泰宁县属奉天府。旋废。光绪三十二年，裁副都统。侨置绥芬厅。宣统元年，移厅治于三岔口，改名东宁厅，而设宁安府于此。民国二年改县。

　　形要　西凭毕展窝集，毕展，满语折断之谓。中贯穆丹乌拉，即牡丹江。而临据上游柳边以外，能建国立邑传世二百余年，具有声名、文物者，首推渤海，故此地为最古之名都。辽灭渤海，不知保固此险，迁移旧民空虚此地，卒让女直凭借为灭辽张本。明初，招抚野人，远迄苦夷，即库页岛。特置都指挥于此，与清初置将军于此，同为钤辖四面得控制之宜者也。今县境农利浩穰，麦产之美，甲于东省，尤以东南两境为优。兼之交通便利，谈省东形胜，应首屈一指。

附　　录

　　记镜泊湖　镜泊湖满语毕尔腾摩和。位于县治西南，省内湖泽此为巨浸，长及百里，广二十余里。狭处不足十里。两岸山如崇墉，中有老鹳、道士、大孤、小孤四山。道士、小孤两山之间，有岩曰真珠门。大孤山矗立湖中为圆锥形，高出水面七百余尺。湖西南大巍呼河即勒富善河，入焉。交汇处有一崖曰呼克图峰，湖水自东北泻出，飞瀑跳空，声如骇浪，满语曰发库，俗名吊水楼。札津松吉、阿布毕尔罕诸河环入于湖，以故湖滨土沃宜农，湖产鲫鱼最有名。《唐书》："泫泫湖之卿"即此。

记德林石 县西南有德林倭赫者，满语倭赫，石也。满语亦名乌黑法喇，通称石头甸子。分南北二支，北支起自鄂摩和湖又称小北湖，之东，南绕沙兰站。南支起自牛广，盘纡东京城之北，而同迄于呼尔哈发库之下。广数里、二十余里不等，其长计百余里。石平如砥，孔洞不可数计，圆、方、广、狭，形状各异，深或数尺以至数丈，中或有泉，澄然凝碧，上产黄蒿松甚茂，车马行其上作趔趄之声。高士奇《东巡录》称：相传下有海眼。吴大澂《皇华纪程》言：凡石皆直性，此独横理，为世所未见。

清初谪戍 满清入关之初，流徙罪犯，多编管于吉、江两省。及康熙时，云南、福建即平，凡附属吴三桂、耿精忠等之藩下人，悉配戍于上阳堡，在今开原县东四十里边门外，满语称其地为台尼堪，尼堪者汉人之谓。既又为罗刹之乱，关外遍设军台，饬是等流人分守各台，称为台丁，其后与官庄、驿站，均拨与田地令耕种自给，故沿柳条边逾松花江、嫩江北至瑷珲俱有台丁踪迹。然在先已有犯罪充发于各站者，若宁古塔城，则始自顺治十六年，关内缙绅获文字之祸或罹党狱，恒谪居于此。如顺治丁酉科场狱，吴江吴汉槎兆骞，谪宁古塔最久，著有《塞上秋笳集》。杨宾著《柳边纪略》。
又如郑芝豹，降清后，因其侄郑成功据守台湾抗拒清朝，
并将成功之母颜氏，均编管宁古塔。郑成功稗将刘炎，
康熙十六年，郑氏败于兴化，刘炎投诚。至京，长流
宁古塔。及金圣叹之遗族，皆并家族金配。时有诗云：
"南国佳人多塞北，中原名士半辽东"。可见迁谪之象。
又一路为席伯白登讷。席伯亦作锡卜，蒙古旧部，今
扶余县。康熙中叶，李方远为明崇祯第三子定王案牵
连，编管于此，著有《张先生传》。又一种为齐齐哈尔
城，雍正初，吕留良之孙发配于此。又一种为黑龙江城。
时将军尚未移镇墨尔根，黑龙江城即今瑷珲也，昔书
艾珲。桐城方登峄谪此，曾赋《老枪行》。老枪即老羌，
指当时之罗刹，今俄罗斯人也。中言中外互市情形颇悉。
清初，娄东无名氏著《研堂见闻杂记》云：顺治丁酉
江南科场事，逮系举子各决四十，长流宁古塔，父兄、
妻子皆随流徙。宁古塔在辽东极北，去京七八千里，
其地重冰积雪，非复世界。诸流人虽皆拟遣，而说者
谓半道必为虎狼所食。向来流人远徙上阳堡，地去京
师三千里，犹有屋宇可居，尚得活。至此，则望上阳
如天上云云。可见顺治十六年前，尚无编配宁古塔之例，
及乾隆以后，停止东戍，只有罪囚发黑龙江，披甲为

奴之例，而申平常汉人阑出柳边之令，然柳塞文化赖有名贤谪居而就开发，获益转多云。

敦化县东南，距省四百七十里

土名敖东城。敖东，满语本音作鄂多哩，又称阿克敦，设治时因名敦化。

沿革 《金史》为窝谋海地。《乌春传》云：世祖过乌纪岭，至窝谋海屯是也。乌纪，即张广才岭。元置斡朵哩万户府。明正统后，为建州左卫地。《一统志》载：清代始祖布库哩雍顺，定居长白山东俄漠惠之野鄂多哩城。但鄂多哩即在长白山东，今敖东乃明在山北。俄漠惠，满语湖泊之意，敖东近接镜泊湖，距长白绝远，求之地望均极牴牾。许溯伊氏谓：清祖居长白山东为一时代，居俄漠惠之野乃又一时代。考日本永井腾三氏《北鲜间岛史》载：明永乐十年，女真斡朵哩族酋长童哥帖木儿，从三姓南入珲春之野，定居鲜境会宁，明授以建州卫之印。宣德八年，为兀良哈族七姓野人所杀，其弟凡察携印逃入朝鲜。其子董山，率族移住今敦化俄漠惠，筑斡朵哩城以居，明廷再授以建州卫敕印。后凡察逃归,请于明授以掌印之任。明廷不得已,于正统八年别授凡察以建州右卫印,而以董山一部为左卫云云。据此,许氏两时代之说,似信而有征。清初,兼辖于额穆赫索罗佐领。光绪六年,另建城于旧城迤西二里,设敦化县。今仍之。

形要 控牡丹江之源,境内河渠纵横,毕注于江,沿流而下,足夺宁安之险。论大陆交通,东南一面复当延边之冲。近年吉省郡县次第开辟,县境设治较先,故农利已启。使异日南通辽省安图之道畅行,则利吉辽之转输,开无穷之宝藏,地理关系或以迁变而弥重欤。西南沿古洞河跨头道江至安图,相距三百里左右,无高山大川之阻,安图天产充溢,惜无出路。

附　　录

记鄂多哩古城 县城东二里余,鄂多哩古城亦名额多力。《满洲通志》:清始祖新居,在牡丹江右鄂多哩城,去宁古塔西南三百里许,证以地望、地名或即明宣德后移住于此欤。城方广各约半里许,周二里余,东南一门正向江流,四角睥睨犹隐然可辨。每面城垣间有一高阜若瞭台,然半多颓圮,存者高尚丈余,内有土城,唯一门南向,其中土垒高低,城外有一水泡东流入江，料系当年隍堑。逾江至左岸东南约里许，有三尺余高阜，周围数武。有六楞石础分列，四周荆棘丛生。登此北眺，南老城即鄂多里城，亦呼为老城。恰对其南门，有谓系当年仓库遗址云。

额穆县 东，距省三百八十里

县治旧为额穆赫索罗台站。额穆赫转音为俄摩贺，满语水滨也。索罗，满语十人拨戍之所也。《满洲源流考》："色齐窝集岭上，有故城遗址，相传为金时关门。"可证自昔置戍于此。

沿革 元岭东为海兰路，硕达勒达女真遗族所居。岭西概属开元路，明为秃屯河卫。今名退抟站。明季，役属于乌拉部。清祖迁居赫图阿拉后，是地为满洲别部所据，称鄂漠和苏鲁路，与赫席赫哲路、佛纳赫托克索路，同称窝集部，附于乌拉。万历三十五年，清太祖命巴雅喇攻取之，尽有三路。清初设佐领，管辖台站旗丁。宣统二年，设额穆县。今仍之。

形要 长白山西北山脉，起顶为牛心顶子、穆丹岭、富尔岭，桦甸，敦化界。至县境乃气势团结，色齐窝集一名穆鲁窝集，《吉林外记》：塞齐，开辟也。窝集，林薮也。穆鲁，山梁也。嘉庆二十年，将军在此祝嘏，改名嵩岭。逾退挬站东行三十里，入窝集口。过张广才岭十里，方出口。共长四十里，巨木阴翳，夙为天险，纵贯突高。张广才岭以北又分两脉。一东北入宁安、延寿，为蚂蜒、毕展诸岭，一西北入舒兰、五常，为铃铛诸岭。俨然作省东天险，足以钞束南东诸路。而岭南北诸水，俱为江河之源。北麓拉林河出焉，南麓之东朱尔德河，为牡丹江之旁源。南麓之西拉法河，入松花江。四面挟建瓴之势，驿路自省东出，逾越两岭，县治适绾其东口，颇得形要。境内山脉蟠郁，农利难期廓展。惟青沟子距县三十五里，老搭拉东北沟，距县八十里，漫冈平芜，俱有建设镇堡，以徕垦民之希望。

依兰县 东北，距省一千零四十里

县治旧名三姓。满语依兰谓三，喀喇谓氏族，县名乃截取上二音者。《吉林外记》：三姓者，努雅喇克、宜克勒、祜什哈哩三族，赫斤人所居。考祜什哈哩，河流名。今宁安县东北十余里尚有胡什哈屯。《明实录》：

永乐十三年，以部人吉塔斯为兀乃哈里指挥同知是也。《满洲源流考》云：崇德四年，祜什哈哩部长纳穆达里入贡。

又考：今富锦县治西十五里，有古城一，名夫替活吞。其旁近地，今亦夫替冈，有赫斤人百余户居此，因又名夫替大屯。此城为古时东方四子部之中点。前清远祖实居于此（据《罗刹外史》）。四子部者，一为爱新觉罗部，其余三姓居此。据日本稻叶氏《满洲发达史》：建州女直明初合三姓、宁古塔一带包括在内。三姓者为斡朵里、火儿阿、托温之三城。

沿革 辽金五国部地。元设万户府五，一曰屯明。永乐十年前，为建州卫地。明季，称此地为和屯噶珊之野。康熙时，三姓贡貂，各编其族长为世管佐领。五十四年置驻防兵，以协领管之。雍正十年，设三姓副都统。光绪三十二年裁，设依兰府。民国二年，改县。

形要 县治当牡丹、松花两江之汇口，东纳倭肯河之巨流，倭肯，即和屯之音转。《金史》作和伦，《德克德列传》：世为和伦水部长是也。水源出屯窝集，为省东最大分水岭。岭东即挠力河源，今其地山林尚未开辟。三川襟束，形势之要，高掌远蹠。譬之宫室，依兰表其峣阙，宁安则巍乎巨厦也。濒江土沃，宜乎农垦。北与江省佛山、萝北各属之交通，此为锁钥。辽代故设障鹰官于此，以通五国部鹰路。地势之形要，固今古不殊。惜乎路政不修，东南荒开垦尚未及半。清宣统三年，王瑚为东北路道，曾由依兰开道，通接密山，后又废坏。

附　录

明东海三部考　扈伦四部以东，与乌拉、哈达等部境壤密迩者，则有东海三部，明人亦称为野人卫是也。以今地望考之，是三部适占吉省之东半，同出满洲族，即呼尔哈部、瓦尔喀部、渥集部是也。按：呼尔哈，《唐书》作忽汗河，今称牡丹江。满语名穆丹乌拉。凡敦化、宁安、依兰等属，当年皆该部故地。瓦尔喀部亦以河流名，则今辽宁东边外之混江，亦称佟家江是也。邵阳魏源云：瓦尔喀江入鸭绿江，两岸皆其部落，人民多自朝鲜侨迁。是今辽省之桓仁、通化、辑安，悉瓦尔喀境也。渥集者，本窝集二字之音转。据《满洲氏族源流考》：乌苏里江西之木伦部，江东尼满河源之奇雅喀喇，喀喇，满语犹姓氏也，皆渥集部。又清祖征渥集部，有自归之绥芬部。是今日穆棱、东宁、虎林、密山诸县，并俄属东海滨省之尼玛河、绥芬河流域，皆当年所谓渥集部也。

在东海三部之东北，而与呼尔哈部、渥集部连接者，则清纪概以使犬、使鹿别之。明代，悉统于奴儿干都司。清廷先后吞并是地，已在清太祖天命纪元以后，万历四十四年后。其地为今日吉省依兰东北桦川、富锦、同江、抚远等县，迄乎黑龙江下游两岸，凡咸丰十年，割隶于俄之东海岸一带皆是也。

东夷族俗志 现今在中国境内，松、黑两江下游之黑斤种人，以华人移居日多，渐就衰弱。十九年，中央研究院凌君调查，黑斤人分松花江、乌苏里江两派。松花江派于光绪八年编成四旗，就今富锦城外四里戛尔当屯，设一协领统治之。乌苏里江派未编入旗，故又名外山人，编旗者已不及千户云。

出抚远县界东北行一千余里，至俄境阿吉大山，其间沿江岸居者亦属黑斤，又呼短毛子。男女皆剃发，女未字者椎髻，嫁则垂辫。语类满人，衣服亦悉如满制，喜紫色，足着靰鞡。无文字，削木、裂革以记事。不知岁闰、弦朔，问其年，以食大马哈鱼几次为对。夏捕鱼作粮，以是鱼之皮连缀为衣，一鱼之皮包裹成履。冬捕貂易货。渔用网、用钓，所驾渔舟名几喇，以妇女荡桨。捕貂用藏弩，善睇兽踪。尤善以群犬驾舟，长十一二尺，宽尺余。雪后则加板于下，持篙刺地，上下如飞。冬时远出交易，有至依兰者。

在前清咸丰前，酋长岁必至三姓副都统署献貂。自割隶俄国后，俄人常遣希腊教僧蛊以妖言，迫令改装。近来世变势衰，已什有九不知曩年隶属中邦矣。再自阿吉大山顺黑龙江东北下行，至黑勒尔两岸，其人俗与剃发黑斤同，惟语言互异，华人亦呼为长毛子。男垂辫，染济勒弥人风气，多喜弄熊，向亦贡貂于三姓。其人垢秽尤甚，门前皆置晾鱼木架，夏月腥恶刺鼻。清代与苦夷即库页岛上人种，至阿吉大山上游莫尔气对岸桑乌林木城中，岁受我国服物之赏，由三姓副都统署派旗员前往接待，该族名曰穿官。日本鸟居龙藏《东北亚洲搜访记》：黑龙江口费雅喀人言，昔岁其先人一年往三姓，一年往西加姆（即库页）。又谓，特伦地方有中国官署云云。盖特伦，即桑乌林木城也。又自黑勒尔以下，直至海口，共约六百余里，旧为费雅喀人新居，今则合鄂伦春族统称济勒弥人。而鄂伦春又各能操本部语，与纯粹土著之费雅喀人有别，但无文字、医药，不知岁时、弦朔，则江东诸夷固一致也。夏乘小舟，每至口外各岛、江沱、海汊，冬驾爬犁至索伦河南，与诸种人为物质交换。每家畜犬数十，既供驱策，复衣其皮，寒暑一裘不易，要言之，即使犬部也。至江口外沿海岛屿土著，满语亦谓之奇雅喀喇。此族及鄂伦春二种人，善驭四不像，逐兽逾岭捷如猿猱。今此种人大半已入俄国马队。四不像，鄂伦春人呼之曰沃利恩，角数岐似鹿，蹄二岐似牛，身长色灰似驴，其头则在牛鹿之间，宽额而长喙，毛甚丰，负重百余斤，中国古书所谓麈也。其性最驯，又善走，且不刍不豢，惟食寒带地方繁生之石苔，需用时以木击树，闻声即来。暇辄纵牧于山林，任其所之。是种人，即古时所谓使鹿部也。

奇雅喀喇地方，又有一种人，华人通呼其人曰二腰子。语言与济勒弥又异，削木以记事，男女均蓄发，垂两辫耳后，惟人死用棺木，婚姻由家长主持。其礼俗颇有华风，性更好洁。多王姓、牛姓，自言系华裔。信萨满教，一如黑斤，而巫术更神。其力士能独毙熊虎，济勒弥、黑斤等种人俱畏其勇。冬令出行乘类似爬犁之踏板橇车，逐兽如飞。颇喜与华人互市，性亦相近，盖乌苏里江右各夷人，此为半开化之民族矣。日本鸟居氏称：此为高里特族，乃通古斯中之雄族云。

按上述各节，多采集曹彝卿先生笔记。先生躬自调查，远至库页岛。其言自确实有据，而于人种方面未及研究。但此等东夷各族，如必指定何种居何地，应属之使犬或使鹿类，其界划殊难。且各种间血统久混，而同一种族居近江岸者，吾国统名为鱼皮鞑子。居山林者，又称打牲索伦。欲族别而类分之，正未易耳。

阿美利加洲印第安种，现在蛰居美国西北境，密士失必河西岸，及落机山左右者，据《西史汇编》：现尚存二十五万人，皆黑睛平鼻，男女皆编发，疑此种人与黑龙江下游黑斤等种有血统关系。缘亚洲最东北之白令海峡（俄彼得大帝于西历一七一九年，遣白令克探勘美亚二洲之地颈是否连结，返回复命，赏以俄币二十万，即名是峡为白令海峡。）与北美阿拉斯加隔海相望，地质学家谓，古时大陆本系相连，则在科仑布未到美洲以前（明永乐时），在黑龙江下游以渔猎为生之鞑子，浮海东迈，遗种美陆，亦事理之可信者。今印第安人以川谷异宜，民生异俗之故，支派分衍多至数十族，文明程度亦大有径庭。如邱罗基之五大族，则宫室耕稼且有文字，俨成一独立国家。（在密士失必河中部，土地权属于五族，白人不能购买，而可通婚娶。）试觇其特殊之风俗，印第安人善操树皮小舟，男女鼻端喜悬兽骨，或以金属品为饰，鱼皮为衣。（印第安人居极寒地者，外着重裘，以鱼皮为里衣。）门外各竖长竿等特别习惯，均与黑斤人相似。则两洲隔海异处，美洲旧主人之红种，渊源于黄种之通古斯族，未为无据。近梁启超《游美笔记》云：墨西哥国境地层下，曾发现华文铜钱、偶象、陶器。日本地学家孤本氏，尝列举亚美二洲大陆相连之证据，如东三省之虎，与美产同种，亦其一例也。

桦川县东北，距省一千三百八十里

县治土名悦来镇，初拟设治于东境倭肯河北桦皮川，故名。

沿革 渤海以还，为纯粹之靺鞨人所居。黑哲即靺鞨之音转，再转又为黑斤。沿江为辽代生女真五国部地。前清为不属佐领之黑斤人所居。宣统二年，设桦川县于江岸佳木斯。三年，因水患移治悦来镇，今仍之。

形要 清代自三姓以东，悉同瓯脱。县境濒江一面，平原沃土。比年，开道置邮，已成通道。音达木河满语音达木，旺盛也。北注松江，佳木斯镇扼河之口，为江航之津埠。下游农产集注江岸，以转输于哈埠，佳木斯实为中继地焉。惜县南犹是万山重迭，林业未兴，交通多阻，正资他时之开发。

附　　录

五国城　宋徽、钦二宗被金人拘留五国城，至死未能回国。今边徼次第开放，按之书史，其地望遂灼然可据。古时满洲本为城郭、射猎之国，所谓五国部者，乃辽金时生女直五部人新居。其地原极辽阔，大约西起今宾县，东至富锦，迄松花江北岸一带，悉其区域，现在可指认者，宾县蜚克图河傍近，为五国部没捻部。桦川县治迤西苏苏屯东，为五国部普利斯幼卜尤城。对岸江省汤原县之汤旺河口，为五国部盆奴里国城。富锦县治西柳树河口，为五国部越里吉城。对岸沿江，为五国部鄂里韦城。据武进屠敬山氏《图说》。屠氏于清光绪中叶，著《黑龙江省图》时，绘有名古城地点。考《金史·本纪》：五国没捻部叛辽，鹰路不通，陶温水纥石烈部阻五国鹰路，执杀辽捕鹰使者。陶温水，今江省汤原县之汤旺河。又穆宗乃使主隈、秃答两河之民，阳为阻绝鹰路云云。武进屠氏《图志》：主隈，今名札伊河，在观音山金厂。秃答河，今名图勒河，入江处在桦川县对岸。盖辽时捕海东青，在今江省萝北等县，五国部有警，使者便难前往。辽故置障鹰官于今依兰地方。然金人终以阻碍辽之鹰路，致辽金交战，金遂兴兵灭辽。一鹰之微，实系金辽之兴亡，则又重要之历史也。

江省唐旺河上游一带，至今仍产鹰雕，前清于其地曾设鹰把式多名，捕鹰以进，供行猎之用。鹰品之最贵者曰海东青，纯白为上，尾毛可用为扇，高三尺余，喙如铁钩。昔宋徽宗善画白鹰，宣和款识，宋徽宗凡八易年号，最后年号为宣和。后世所珍。关内无白鹰，乃乐画此，其后卒置身五国城，确当辽金鹰路，亦恶谶也。

富锦县 东北，距省一千八百里

县治富克锦站，满语作富替新，即黑斤二字之转音。

沿革 沿江为辽生女直五国部地。辽五国部越里吉城，隔黑龙江与鄂里韦城相对。前清为黑斤人本部。光绪八年，设协领一员，编黑斤人入旗，置公中佐领以统治之。宣统二年，就黑斤人原建砖城，设富锦县治。今仍之。

形要 沿江地尽平原。倭肯窝集之山脉，《满洲源流考》作屯窝集。经县南斜向东北，境内山岭无多。依兰以东，可供耕垦之地，惟此为富。航路自哈尔滨以下，佳木斯、富锦并为巨埠。垦户尤易招徕，南带七里星河，满语七里星，肉核也。中有昂邦河满语昂邦，大也。川原绮错，农利之饶已睹成绩。煤窑之利，蕴蓄尤宏。距县二百四十里双鸭山煤矿，价值与对岸鹤冈仿佛，且利用江道，运输无阻。

附　录

黑斤古城　县境古代为黑斤人部之中点。现在山荒渐辟，而留遗之城郭，要以此为最多。计古城之壁垒完具者，县境内尚有多处。一名瓦利活吞活吞，一作和屯，满语城也，即五国部越里吉城。在西与桦川县交界地，北傍松花江，建于岭上，盖山城也。一由此以东百三十里有乌龙活吞，今尚为黑斤人新居，土名卡尔库玛。又县东南八十里有古城二，夹七里星河南北对峙，是河今与饶河县分界，故南城属于饶邑，实为最大之古城，新来垦民，但以对面城呼之。前清之季，吉林改行省，时旗务处曾筹安插黑斤人之策，计口授田，十年蠲其租税，使之生聚。据查在富锦县境黑斤人四百余户，较光绪八年仍不加多，以所生子女多半死于痘疫，生活上太猥陋故也。

前清同治八年，驻防珲春协领讷穆锦，以地广户稀，曾派骁骑校博兴往今桦川县霍伦沟黑斤部，召来部众男女二百余。是人不改习惯，冬服狍皮，夏服答抹哈鱼皮。珲人即呼此种人为答抹哈人。拟编为旗籍，时值天痘流行，死亡过半，乃逃回，仅剩十余人，居珲已六十年，户口亦无所增。习惯与本地人仍各不同，全恃捕猎为主，黑斤人一经迁居气候较暖之地，即患天痘，患者辄多死亡。黑斤人安土重迁，此亦重大原因。

同江县 东北，距省二千里

县治土名拉哈苏苏，黑斤语老屋之谓，苏苏，村屯也。中俄界记，作图萨克。

沿革 金为黑水靺鞨所居。明季为使犬部之黑哲喀喇所居。清光绪初，县西三十里图斯科一带，皆黑斤人部落。清政府给以耕地，称恩拨地，始由三姓副都统编之入旗，分三佐领，抽丁供役，奈不娴耕种，仍是荒芜。三十二年八月，设临江州。宣统元年升为府，民国二年改县。为与奉天省临江县同名，因改同江。

十五年，恩拨地已另行丈放。

形要　松花、黑龙两江交汇，县治控制其间，实我东省东北之门户。由此迤东，江左悉入俄领。我界女尔固，对岸徐尔固，为俄边重镇。更扼中俄之边要，国防重地，无逾于斯。但无山岭倚为险隘，要塞未建，边备既虚，四境浅露，无险可扼。往岁中苏纠纷之际，海军受挫，县城即危，县署退于西境向阳川。乃其前鉴，固圉设防，实不容缓。沿江沙土淤积，向皆水洼地。现因芦苇丛茂，渐变膏腴，厥田上上。惟东南至饶河，西至富锦，交通远阻，垦户尚稀。县治东至二吉力，与抚远分界，道路未开，中并有二吉力、街津口、大小横河须架桥而渡。西至古城子五十余里，沿江已有孔道，县城汉民三百余家，黑斤人十余家。十年生聚，尚有待耳。

附　录

拉哈苏苏租地旧事　县境绾毂内江，扼松、黑两流之口。清光绪二十三年，中东路着手之初，俄监工向将军延龄商借拉哈苏苏及三姓北岸卸堆路料，并借松花江北流一段停船。清政府以《东清铁路合同》无此规定，议驳，俄已自由占用。未几，俄商黑河轮船公司总管霍瓦甫斯，求租拉哈苏苏荒地三段，遂与订章八条，承租人除公司外并有俄籍人。每坰地年纳租金二十吊文。初次以二十年为限，限满可续租。由将军派员驻在界内，经理税务章程中即名之曰租界。但曾载明，此章只算草约。嗣被政府议驳，谓外国商业团体无在内地商租地亩者。俄外交官乃以房屋已成为言，约俟中东路成拆让，旋逢庚子拳乱，无人过问。遂于占地迤东建筑兵房、病院，并设关榷税。三十二年，省吏迭向俄领交涉，该领以东海滨等省华人千万亦享租地权利为言，并请续租十四年，结果但撤税关。是处占地适当江流转折濒江处，宽七百零一沙绳，尽属要冲。华商街市偏在西面，市况缘此无能发展。俄人恃作江轮往返给薪之所，驻兵护轮，民国七年夏，始经收回占地，设立团部，控制江航。今对苏联国际上已成过去之历史，不生关系，特摘记大略，以备中俄外交之掌故焉耳。

抚远县 东北，距省二千三百八十里

沿革　明为使犬部之黑斤、使鹿部费雅喀种人所居地。宣统二年三月，始设立绥远州，民国二年改州为县，十九年因与山西关外绥远省同名，改名抚远。

形要 县境三面邻俄。扼乌苏里、黑龙江之口。中俄耶字碑所在，国家版图东北尽此，严疆门户，乃东省第一外险。但三角洲土地未能规复，国际水道犹多纷议，见本编《国界篇》。无险可扼，求援苦远。十八年九月，中苏违和之役，苏联乘我不备，猝攻县城，县署退于浓江沟内，首受其害。县治在农力戛山东北，荒陬乍启，气象单寒。县城商店只百余家，民国二年垦植会调查，县城西阻濛江，东碍哈汤，交通殊困。勘得马牛处、克勒木山中间，有横冈一道，气势团聚，且与俄领伯力城遥对，东道直通，将来有移治之必要。清宣统元年，俄商遵照《中国矿业条例》，呈准吉省官厅，在马牛处凿取花冈石。与订规约十二条，限五年内凿石二万古板（俄量），每古板缴国税山分四卢布。未届原限，即已停办。据报，松、黑两江花冈石矿，此为第一。农利惟沿江渐臻开发，因低地宜稻之故，鲜人侵入已多。沙渚淤积变为腴壤，但使交通既便，富厚正自无穷。三角洲内有平原七处，如瓦盆窑、达子营等地，亦膏沃宜耕。

附　录

耶字界碑迁地记　清咸丰以前，黑龙江南北，乌苏里江之东，均我版图。只因无人过问，听俄所为，至咸丰十年，结割地条约，即以两江为界，竖木质界碑于黑龙江南日奔沟地方，是处固控制两江要地也。后俄人乃私移于乌苏里斜向西南之青牛河北，故犹在乌苏里江右也，是为第一次移界。嗣又越江而西，移于乌苏里左岸之包宝山，复将山凿平，而木质界碑并已抛失，是为第二次移界。然包宝山犹在，黑龙江沱流之东，距通江子尚远。乃光绪十二年中俄勘界顷，俄遽饰词欺弄，误通为同，指通江子江汊即为混同江。因呈立石质界碑于江汊迤东，数十年来江水冲激，堤岸塌陷，界碑行将倒入江心，俄更乘此，又移植于通江西南三里之高阜，用红砖砌磴，故今且并碑石而毁弃无存矣余详《国界篇》。

黑龙江下游鱼产　松、黑两江汇流以后，江面辽阔，波涛汹涌，水产之丰夸于世界，不但黑斤人衣食所资，且中俄与日本人之富源也。东海中有大鱼长一二丈，大数围，行如江豚之涉波。头有孔如鲸，喷水高一二丈，訇然有声。黑斤、济勒弥诸族呼为麻特哈，谓此鱼奉海神使命，送鱼入黑龙江，以裕民食者。渔人每以江蛾为捕鱼征候，当坚冰初融，江面花蛾变白时，麻特哈送乌互路鱼入江。及盛夏青蛾初起，送西里性鱼入江。秋后江面小青蛾再飞起，送答抹哈鱼入江。而麻特哈至庙街即返还出口。其驱鱼以进也，每三四为群，各去里许，逆流而上掀波喷浪，蔽江前行，日可行三四百里。俄人于庙街地方初见鱼群，辄电报伯利，三日后则鱼至伯利下四百里南星地方，再阅一日则已过伯利达我抚远县江岸矣。依此测计，无或爽者。此三项鱼到时，渔人于江边水深数尺处多置木桩，横截江流。桩长二三丈或四五丈，亦有作方罫形，独虚沿江一面者名曰闷杠，于水平线下又系袋网，须乘小舟取之，每一闷杠日可得数千斤。又或以围网或以撒网一举得百数十斤，载回小舟，举家各持小刀临流分割，四片贯以柳条支架晾之，以作全年旨蓄。麻特哈巨鱼，济勒弥等人先以为海神使者不敢捕取，近年迷信已除，每江中风浪大作，辄扬帆持叉望鱼遥掷，叉尾系长绳，俟鱼力既惫，乃牵至江岸而后剥割，此技黑斤人皆最工。当波浪平静时，亦乘小舟认取鱼行水纹，抛叉取之，百无一失。舟用桦树皮为之，长丈余，宽约二尺，首尾胥窄才容一人，其快如风。江中鱼类如鲂、鳣、鳇、鲤、土人多生食之。麻特哈鱼,即辽金《本纪》所载之牛鱼。《本草纲目》:牛鱼生东海,其头似牛。《清一统志》云:牛鱼出女直混同江,大者长丈余重三百斤,其肉脂相间,食之味佳。又《异物志》云:南海有牛鱼,一名引鱼,重三四百斤,状如鳗无鳞,鳍背有斑文,腹青色,知海潮。盖南海名引鱼,引字之义,与黑斤人驱逐群鱼说亦相合。笞抹哈鱼产于江中,长成于海,复回江河而死,故有往生来死之谚,其寿命只一年。每当暮春江河冰解,小鱼即乘流冰入海,得咸淡混水,长大甚速。立秋后,辄又不食逆流而上,并散入乌苏里江直迄兴凯湖中。母鱼追啮雄鱼之尾,俗称咬巡,雄鱼此时腹有白沫,雌鱼吸食而孕孵散,昼夜追接,遇滩石则泳游不去,俗称巡场,渔者于此恒多获焉。鱼孵卵至尽,辄陷身土穴中自死。卵红色,大如豌豆。小鱼生后,明年冰解遂又入海。今同江、抚远之黑斤人,专以斯鱼为食,缝缀鱼皮为衣,或加染绘,俨如僧徒之百衲。亦制为履,取一鱼之皮编缉而成,是为鱼皮靰鞡,吾人故称其人为鱼皮鞑子。是种人不知岁月,以此鱼一度入江,为一岁焉。俄人在黑龙江下游架罟网数重,腌作军用食品。西至我境同江一带,重重衔接,凡分五六十区,以鱼类之繁稀定渔区之价值,上者每区岁征十余万俄元。每岁之春，俄官以竞卖之手续行之，至今苏联国库仍恃为大宗收入。日本人之在此承领渔区者逾全数之半，近年与苏联政府为争执渔权，曾启重大交涉，其关系可知。惟是江鱼逆流而上，处处截取，至距海较远，渔产愈稀。而我界抚远县，以上秋后鱼群犹蔽江塞流，盈天之鱼弃置江岸，殆无价值，惜无罐制出售者，但就岸傍为池，引水蓄鱼，俗称鲅鱼圈。入冬挂冰外运，亦有腌制者，以答抹哈为多。在边民生计上，要仍为急待研究之端，乃巨大之利源也。

饶河县 东北，距省二千一百四十里

设治时，县治土名挠力河。满语禽鸟众多地曰诺罗，因谐音生义而名。

沿革　明初为尼玛河地面，后为渥集部之诺罗路。前清《开国方略》：天命元年八月，招取南岸之诺罗路及使犬部之音达埠路是。音达埠，即音达木，今桦川县境之河流。清初以还，为三姓副都统所属贡貂黑斤人所居。宣统二年，创设饶河县于河口，嗣移至距口八十里之团山子。今仍之。

形要 挠力河口为省东大川，县境被山临流，适居乌苏里江中点。东北至抚远二百余里。沿江有横冈，冈畔多腴土。南赴虎林三百余里，河渠纵横，须架桥通道。溯河而上，航途颇畅。由河口至乌尔根德可驶小轮。再上通密山富锦界能行风船。设险置防，可与同江形势互为犄角。移民开垦可供边缴储胥，厥田饶沃，惜垦户以交通艰阻，移入殊难，惟鳊江碰子农事渐兴，而扰于流氓。东边有一种游民，传食农屯，斗狠犯法，盘踞累月，不敢稍忤。此风以饶河为最，近年已稍改变。有齐勒钦最大林区，而弃同榛莽，齐勒钦，亦作七里星。徒为私种毒卉之烟匪盘踞其间，徒众千百，恃险守隘，自成部落，官厅频年剿抚交困，幸渐解散，难告肃清。只以道路不修，地利开发终形迟缓。

虎林县 东北，距省一千九百里

县治土名呢吗河。呢吗，满语山羊也。七虎林河满语本音作希忽林，县治在河左岸，因名。

沿革 明为尼玛河、木伦河地面。明季，在乌苏里江东为奇雅部，江东西亦为木伦部。《满洲氏族源流考》：居乌苏里江两岸者木伦部。又东二百里居尼满河源者，奇雅喀喇。考木伦河即今穆棱河，源流俱在江左。尼满河即今呢吗河，源流俱在江右，清咸丰十年后，江右地已割界于俄。清宣统元年，设呢吗厅。旋以呢吗河皆在俄界，名实淆舛，二年，改名虎林厅。民国二年改县。

形要　县治东临为乌苏里江，交通大势已折入俄境，我界转蓬蓽自封。沿江冈峦起伏，凿冈为井，苦不得泉，冈畔时虞水灾，故哈汤独多。沿岸森林不成片段，迤西自阿布沁河至外七里星河与饶河连接，乃得大林区焉。但设险守国，此为要塞。十八年，中苏违和之顷，苏联兵由倒木沟、亮子河攻入县城，遂以失援坐困。吾汉族踪迹至此最早，县治西南有关帝庙，额题嘉庆己巳重修。是至近汉人居此，已有百余年。而至今垦民尚少。

附　录

志县境交通　县治当乌苏里江流域之中，隔岸正对俄领呢吗河口，境内大穆棱河北有七虎林河，又北有山，今县治即在此山之上，土名下水牢，河流环带，对岸俄境亦有一山，临江下瞰，形势与抚远之伊力戛山极似。沿江山脉蜿蜒，此焉结聚。惟交通，除乌苏里江夏有航途，冬乘冰橇外，陆路只有出县西清和镇转达密山，而溪涧纵横，桥梁未修。以故山深道荑，垦户星稀，往年人民如须他适，必过江进呢吗河，溯河十五里至俄伊曼车站，而后征途分南北。由站南行五百四十里为俄站双城子，繁盛为伯力之亚，凡赴密山者，多由此下车，反折向西北，从陆路绕出俄境三百里，快当别西十三里，为中俄分界。入我界又鸟道七十里，而至密山县治。自中苏断交，至今假道已难，故清和镇遂为虎、密往来要道。又县治迤南、当穆棱河入乌苏里江之口，是河亦省东大川，特苦礁石太多，河身太曲，有待浚凿耳。

密山县东北，距省一千三百里

土名蜂密山。系清季开垦后之名称，县治在山南。

沿革 唐代渤海国为湖州地，辽仍之。《辽史》：湖州兴利军，渤海时隶东京统军司，统县一，长庆。明初为松阿察河地面，清光绪三十四年，建置蜜山府。设治顷，报部原作蜜山，印文颁到，乃改作从山之密，遂仍之。民国二年改县。

　　形要　县境林，县西南，秋皮沟上掌、黄窝、青沟岭皆极大林区，省东称最。矿，兴隆沟金，黄泥河煤。渔，兴凯湖属华界方面，渔产丰美。虞，以花鹿、康达罕为特产。皆夐绝东边，土质之饶，胜于宁安。穆棱河大川，午贯全境。南临兴凯湖，从未有水旱巨灾。西南两方，黑壤深及二尺半至五尺。东南及正东，由三尺半至六尺。西北及东北更佳，黑壤不达三尺者绝罕。论县境形势，襟带湖山，原极重要。但两面临俄，犬牙相接，边线延长至五百余华里。俄乌苏里路回环于外，乌苏里支线，由溜江口站，通至白绫河南中俄交界处，杜立老克屯。而我界反交通四阻，具丰收之物产，艰于外运，但待苏联之贱沽。十八年，中苏冲突之顷，苏兵由当璧镇、二人班攻入半截河街，我境遂无险可扼。所望穆密铁路完成，北河可吸收虎林、勃利、宝清三县之粮载，而灌输于东路，不独一邑之利，东北国防前途之形势亦完全转变矣。由穆棱东北赴密山之路，民国初年官署曾发卒开山，奈梗于半道青沟岭之奇险，上下七十里，水泉俱乏，不终役而罢。至十五年，穆棱煤矿铁道通车，重议开通。自梨树镇西北循穆棱河南岸进行，避去青沟岭山隘，路成以后，殊便行旅。

又穆棱河从密山下达虎林县境，河中礁石倘经疏凿，亦重要之航途云。

附　录

记兴凯湖国界　县境南，以白绫河为国界。河小如沟，秋令浅涸，至无可辨认。从前界线在河南五十里，中分兴凯湖华俄各半，西有勿赛气河卡伦为识。及后卡伦废失，吴大澂勘界之役，本未至此，乃立喀字界碑于快当别之西北，退五十里而为今界。然白绫河北约三四里尚有小河一道，今之界线更移在小河，俄又强占我三四里焉，此言西境之损失也。当咸丰十年，割弃松阿察河南地时，本划河为界，树亦字木质碑于小龙王庙地方。后水涨冲失，庙亦坍塌，至吴氏勘界时，欲在原处置碑，俄乃坚拒，终让立河口北二百余步，此言东境也。于是兴凯湖西、东，喀、亦两碑均非其昔湖之分界，遂亦据此改作斜直线，计湖床之为我有者，仅在北端得全湖三之一耳。湖形椭圆，周五百里，入松阿察河，出倒木沟，东注乌苏里江。其放江处仅有一线河流，曲折无数，宣泄不畅，故湖水渊渟无洪波巨浪。由江入湖之轮船，向以东岸我界龙王庙，清季，拟于此设临湖县。西岸俄境红土崖，俄名里薄诺夫。

为航途终点。余详上卷《国界篇》。

方正县东北，距省九百二十里

县治土名方正泡。缘县北有斜矩形之水泊，俗称方正泡而名。

沿革 明季，凡牡丹江下游称诺雷部，诺雷，一说系鄂伦春之音转。清光绪三十三年，设大通县治于松花江北崇古尔库站，归吉林省管辖。宣统元年，申划吉、江两省省界，凡江北地悉属大通县，改隶黑龙江省。因就江南方正泡迤南，建设方正县。今仍之。

形要 东北濒牡丹、松花两江。德墨里屯，为沿松花江船埠。沿岸苇草填淤，土质饶沃，称上腴焉。西凭毕展窝集，与延寿、苇河等县林区中隔大岭，故县境森林犹少斫伐。惟东赴依兰不足二百里，中间水淀、哈汤几居一半，土名大小罗罗密，尤形阻碍，自来松花江南北岸交通大道，出今依兰境偏东，为行旅所不经。所赖土地膏腴，垦户易集，及移治以后，邮传往来已成通道，地方繁庶情形亦随之进展焉。

穆棱县东北，距省一千里

县治土名穆棱河。穆棱，满语本音作摩琳，其意马也，史书作毛怜。满语达罕，驹也。

沿革 金为女真别部。《世祖本纪》：拉必、玛察据穆棱水，使阿里罕往抚之是也。明设毛怜卫。清初为渥集部之木伦部。宣统二年，设穆棱县，今仍之。

形要 县境居穆棱河上游，河流纵贯，中东路横跨全境，户口渐繁，农利殊厚。县境地质之构成，肥土计占十分之七，砂土居二，黏土居一，其优劣视土壤上层之厚薄而分。大碱厂一带上层沃壤厚及六尺，厥田上上，八面通次之。大豆每垧可收三千六百斤，小麦一千六百斤，实为他县所仅见。惟在高地，气候较寒，农利较逊。自穆棱铁路既通，煤窑之利，冠绝东省。日可出煤一千二百车，每车十六吨半。他时穆密铁路完成，沿边一带之天产，惟县境握转输之枢纽，前途发展殆无限量。特边备不修，十八年秋，俄骑兵由双城子、红土崖等地侵入密山县境，经兴隆沟越过青沟岭南扰，东路为之戒严。故筹计国防，穆棱之重要，宜首及之也。

勃利县 东北，距省一千五百里

县治原设四站，嗣东移新街。考《唐书·黑水靺鞨传》：开元十年，其酋长来朝，玄宗因拜勃利州刺史。勃利名称始见于此。但现在县境与唐时黑水靺鞨方域并无关涉，设县时命名取义，似有误。

沿革 清初，是地与依兰同为和屯噶珊之野。县在倭肯河南。清季，垦辟较晚，依兰俗语有荒里、荒外之分，县境向时悉名荒外地。光绪三十三年，始奏拟设置勃利县。及民国三年，省府派员为设治之准备，六年五月，实行设县。

形要 县境当牡丹江之东，平原较广，为适宜农垦之区。土脉膏沃，水陆通贯，清季，尝开北路联接依兰，以徕垦户，今已废坏。至水运，则有倭肯河之航途，距县治三十余里。特苦浅渚罗列，仅行帆船。县治旁近之二道河子、小五站并龙爪沟诸处，农业渐兴。龙爪沟在西南境，近接宁安，与县治中隔大山，控制较难。惟由大碾子河，可迂道联络。究以邑西，村屯为密。杏树沟、大小碾子河一带。金矿，在马粪泡，石灰矿，在龙爪沟，游民开采，尚无成绩。至森林，则除北赴密山大道，百余里间，尽属童山外，在西境黑背、老岭一带，皆蓊蔚弥望。

宝清县东北，距省一千六百五十里

县治濒宝清河，设治时，因以名县。

沿革 清初为诺罗部地，垦辟较晚。光绪三十三年，奏拟设宝清州。民国元年，始设分防经历。隶临江府，今为同江县。三年，改为分治员。司法、行政仍隶临江。五年，设宝清县。

形要 县境西傍桦川，扼挠力河上游。屯窝集山脉环带西南两面，故地势以东北较低，水土深厚，殊宜农产。民国四年，东北各县，俱患水灾。县境收获独丰，接济邻邑。水流环注，以挠力、宝石二河为大，金砂、马蹄诸河为小，沿岸皆可辟水田，不下三四万垧，则无穷之利源也。水道往来，赖有挠力河之巨川，下达乌苏里江，运输利便。至南赴密山一路，惜灌木尚未刊除，林中哈汤足碍行旅，冻期以外，商贩鲜通。屡议开辟，借招垦户。宝、密距离二百四十华里。十八年，勘测吉同铁路前，宝邑人民曾请路线由密山经宝清，斜向同江。谓此数县，乃未来之谷仓，铁道既通，立可实现。十九年，又有请修宝、密间碎石汽车道之议。东北数县之前途，要以开发交通为命脉，固世人所公认矣。

滨江县 北，距省五百六十里

县治土名哈尔滨，其义满语渔村也。又说，此地隔松花江对郭尔罗斯后旗界今江省呼兰县。蒙人以草甸遥望如哈喇，因称为哈喇宾。据曹彝卿先生说。

沿革 金为上京西北畿内地。清宣统元年，设滨江厅同知。所辖仅傅家甸一隅，嗣划双城府东北境附属之。民国二年，改县。

形要 中东铁路西出满洲里国界，接苏俄西比利铁路，东逾绥芬河国界，与苏俄乌苏里路联络。由滨江南达长春，则接南满路，直迄辽东半岛。逾江而北，又为呼海路之起点焉。以言航运，更濒松花江之巨流，水陆交通，纵横罟络，于斯绾毂。故就东省论，县境实司南北满洲之管钥。就交通大势论，转输万里，要为欧亚之通衢。国内重要之海港唯上海，陆路唯哈埠，南北盖并称焉。至县境面积，乃不逾二千方里，统观全县，固伟大之市区也。

附　录

中东铁路略史　帝俄谋筑西比利铁路以联络远东，兴工在前清光绪十七、八年。同时乌苏里铁路亦经着手，但欲联络两路，不外经彼黑龙江左岸地，以达伯利，由彼沿海滨省，南迄海参崴，海参崴，咸丰间被俄占据后，名为乌拉奇哇司托克。乌拉奇，占领也。哇司托克，东方也。工艰路远。适我甲午一役败于日本，朝议联俄，彼乃以西比利线接展至我东省为请。光绪二十二年，遂与华俄道胜银行订《东省铁路合同》。此路既成，可较绕行俄境缩短六百公里，且我境土地肥沃，固霄壤也。在我国满洲里绥芬河间，干线凡长一千四百八十一公里。光绪二十四年，续订合同，又允接造支线，起干线中点之哈尔滨站，以达经年不冻之旅顺、大连两海口。俄人在哈，首建兵房、官舍，广徕工商，全仿二百年前经营森彼得堡成法。今改名彼得洛格雷特。又以彼经营黑海岸阿叠沙埠之规画，建设大连海港。并单独宣布《东路公司章程》，特予俄人以债票收入之担保，年息六厘之保息，将中国主权完全毁损。一以奖励俄人东来投资、殖民为主旨。岂知路工开始，更值清廷煽起拳匪之乱，俄益以战胜国自居。先是路线两旁用地，规定各十七沙绳半，车站用地则视站之大小以定广狭。俄至是乃任便购占，又两次要求展地，故大站之用地辄及数十里。又许不纳地租，久而彼乃视同租界，行使政权侵驻军警。迄光绪三十二年，日俄战后订立《朴茨茅斯条约》，俄允商取中国同意，将长春至旅顺之铁路让与日本，中日遂又订立《东三省善后条约》，承认让与之事，由是中东支线，自哈尔滨至长春为止。及民国六年三月，俄起革命，帝俄颠覆，东路公司俄坐办霍尔瓦特乃宣称独立，谋借东路反抗革命新党。遂有党人留金，密结路界内俄军，冀图逐走霍氏。我国以俄方新旧党派交哄境内，势将扰及治安，遂将留金所部解散，而霍氏仍是鼓动路工罢业，冀图保持旧俄国势力。其时俄境西比利乱事益亟，美、日两国联合中国暨英、法、意等国，乃有共同监管东路及西比利铁路之提议，我政府以东路在我境土，力拒与西比利路并受国际干涉之主张。结果东路护路责任由监管会议决，归我担任，旧俄之霍尔瓦特亦知大势已去，于九年三月间，离哈赴北京去讫。由是沿东路俄国新旧党兵警，悉数驱除。时苏联劳农政府，曾向我声明：于东路一概无条件归还中国。八年，已又宣布所有帝俄与中国所订各约为无效。九年二月，同年，苏联外长又自伊尔吉斯科通牒我外部，申明前次宣言愿将东路及他产业归还中国，毫不索偿云云。顾此项宣言，我政府并未接受，反由交通部与华俄道胜银行订立《管理东省铁路合同》，别设董事会主持路务。九年十月，至十三年，中政府暨东三省政府，始与苏联先后签订协定，路务由中苏双方组设理事会、监事会管理局分权掌管。讵未几北京、上海俱以清除赤党之故，致中苏国交发生影响，十五年，而东路管理局俄局长又复滥用职权，时滋争议。至前岁，更因哈埠苏领馆容共问题，牵连俄局长地位之去留。十八年六月。惹起重大纠纷，迄回复平和，损失实多已。

志松花江航务 松花江完全为中国国内河流，按照国际公例，外船不能行驶。因清咸丰八年，《中俄瑷珲条约》订立时，黑龙江将军奕山，误认松、黑两江汇口下之黑龙江为松花江。约内有："松花江沿岸两国一同交易，官员等彼此照看两国贸易"之文。远征舰队遂越进拉哈苏苏，深入伯都讷游行无阻。至光绪二十二年，《中俄东省铁路合同》成立，俄轮以运输路料为由，更形扩展。自来江中本无华轮，因是全江航利，几为俄人占有。乃在今同江、依兰两县江岸，购地堆料分兵守护。又在宾县侵占两处，一曰新甸、一曰乌尔河；方正两处，一曰德墨里、一曰瓜栏川；在富锦者一，曰富克锦；在桦川者一，曰佳木斯，而路东公司沿江之轮埠，则并有十余。嗣以帝俄覆灭，中国航权于民国七年始臻恢复，帝俄时代之强权同时消失。十三年，中俄、奉俄协定次第成立，划清时代，规定华轮于黑龙江下游至海口有通航权，并许俄轮进松花江至哈尔滨为航程终点，除中、苏两国外，无通航权利。惟此协定成立后，中苏国际关系未能圆满，苏俄轮船迄未入我内江，至华轮则更无驶入俄境经行荒寒地域之理，故两国航线至今犹各守界线焉。现计华船行驶于松、黑、乌、嫩四江者，轮舶一百零一艘，拖船数相等。装载量六万三千余吨，船商凡三十六家。十九年十月调查，加入哈埠航务局之数。至帆船在松嫩两江者，约有一千二百艘，载重力约两万吨，小帆船、划船未计入云。

阿城县东北，距省六百八十里

县治旧名阿什河，为阿勒楚喀河之音转。又即《金史》按出虎水之音转。满语阿勒楚喀，耳也，谓河流弯环形似人耳也。

沿革　两晋时为勿吉七部内安车骨部之故地。辽时，为海古勒之地。今县东有大小海沟，海沟即海古勒之促音。金为上京会宁府，元朝墟其地，属之硕达勒达万户府。明为岳希卫、阿实卫地。清雍正四年，置协领，设驻防兵。七年，拆毁旧城移建新城即今县治。乾隆九年，设阿勒楚喀副都统。宣统元年裁，设阿城县，今仍之。

形要　县境东南多山，与蚂蜒岭之森林系连接，腴田极少。东北地夹沙石，亦为瘠壤。至县治旁近，即金源会宁故都，右环拉林河，左拥阿什河，两流夹注大江，全境形势故南高而北下，沿近江河之冲积层，西北、西南一带由黑土构成弥望平原，尤饶农利。且密迩滨江巨埠，中东路线横贯县境，为运输通道，商货四集，行旅往来，称巨埠焉。

附　　录

金上京遗址　县南四里金上京会宁府故址，土人名为白城。又似败城，北音无入声，二字易混也。城西南斜长，东北面皆缩进，遂如凸字。中有横墙一道，址高丈余，四面有门，傍皆有高台，内为圆形，盖即当年之内城。相传，雍正前城之楼堞以砖石砌成，草长苔封甚为完固，嗣运去改筑新城，古迹遂湮。城中心又有古城墓址，疑系当年之禁城。其南门有土岗稍高，现在城中已半成菜圃，耕地者每掘出黄金碎如豆米，亦有银块形似马蹄，至北宋钱与古铜镜、刀剑、遗镞之属尤多。现在城墙未尽划除者，尚土垒断续，隔十余丈辄有戍楼遗址。近年地下又曾得碧玉形之块石，嵌空玲珑，当为古时烬余入土所化，可知是城宫殿，必为元人劫火所烬荡也。是处偏西又有小城一，周约二里，《金史》所谓明德宫或即其地。是城之南有土阜二相峙，各高二丈余，周二十余丈，乃系当年宫阙。由两阜中向北进，有高阜数层，每层高出二尺余，长约二十余丈，当为乾元殿基也。其旁土垒断续，盖即宫墙遗址耳。

按许亢宗《奉使行程录》、徐梦莘《北盟会编》，俱有会宁记事。徐云，近阙去缴盖，有冈围绕高丈余，皇城也。至门就龙台下马，捧国书自山栅东入，栅左曰桃源洞，右曰紫极洞，中作大碑，题曰翠微宫。有殿七间甚壮，额曰乾元殿，阶高四尺许，阶前坛方数丈，名龙犀。又，《金史》皇统六年，上以上京会宁旧内太狭，役五路工匠撤而新之，规模仿汴京。右所云傍有高台，中有横洞，举以相证，当年规制犹可仿佛焉。

考金史　献祖徙居海古勒水，始有栋宇之制，遂定居焉。天眷元年四月，营建上京宫室，止从俭省，十二月，新宫成。及海陵迁都燕京，正隆二年，命会宁府毁旧宫殿及诸大族宅第，仍夷其址而耕种之。可知营建之始，规模本俭，而天眷元年至正隆二年，相距仅二十年，更无增廓之岁月。至金世宗大定间，虽曾敕修上京，未必能恢复旧状，无怪观其遗址，庳隘不宏也。

金源国书　史称金源，出自黑水鞑靼，盖即为渤海之遗族。渤海被契丹所灭，其部众乃叛入高丽，后又次第渡图们江西北，居于珲春河沿岸，称完颜部。《金史·胡十门传》称："吾远祖兄弟三人同出高丽，今大圣皇帝之祖入女直，吾祖留高丽。自高丽归于辽，吾与皇帝皆三祖之后"云云。可见金源之族曾逃入高丽，其先转徙流离，固未有文字也。及金太祖，始命完颜希尹仿汉人楷字，因契丹字体，合本国语制女真大字。皇统时颁用小字，后又设女真国学，似当日推行颇广。今《金史》中乣字，其意犹言色目也。河南省城曹门外宴台，有《金都统郎君修陵记》，碑阴之额镌有"为利芑戊矢尖伏丢臾𡷗臾"十二字。清麟见亭《宴台访碑记》称：碑刻于天会十二年，时小字未颁，其为大字无疑。盖大字尚与汉字多同，特其意各别耳。又，往年宁安县西沙兰站发土得古镜，背有俗𡿃间三字，此即金源之小字，笔画较繁，特所谓因契丹字体合本国语而制字。契丹字体果何形态，今日流传极少，昨年热河省林东县西北白塔子村，发现辽庆陵墓志，乃契丹文也。摘录并以备考证。

其文奇特，乃类汉字行书，而繁复过之。陶宗仪《书史会要》称：辽太祖多用汉人教以隶书之半而增损之，制契丹字数千，以代木刻之约云云。盖契丹字出于我国隶书，女真字又胚胎于契丹，亦犹日本用中国伊吕波等文，制为イロハ之假名，朝鲜更创制𱐛𵳲𱮩之谚文，不过笔画疏密异致耳，要皆渊源于中国文字也。至于有清，同起东陲，其国书何以远征辽金，旁较日韩，均不类似。则缘清初达海制字，系取元朝国师拔思巴所制蒙文字头，别加圈点。拔思巴为吐番人，今康藏地方之藏番，即吐番之后。其传述各异，故有清国书，绝无汉楷偏旁之结构矣。

会宁残碑　往年阿城县白城，掘地得六角石塔一截，上刊云：上京宝胜寺前管内都僧录宝严大师塔铭志。字迹尚未模糊，上书"大金大定二十八年"。立石僧生于辽末天庆年间，为辽上京临潢人，蒙东宫太后旨，住兴正寺，敕赐紫衣等语，全文见金静庵君《辽东文献征略》。可征金代崇尚佛教之大概。考东省古代佛学传自高句丽，高句丽之佛学则由东晋苻秦派使赍经典流入，及北魏与高句丽以辽河为界，大乘宗风遂盛大灌输。据日本稻叶氏《满洲发达史》。泊乎唐代，屡颁佛书于渤海。至辽金代兴，几有朝野上下皈依三宝之况，金之帝姬、郡主舍身为尼之事尤数见于史传。故辽、金两朝佛学渊源，实有重要历史，惜乎现今发现之金石殊少。

民国纪元，白城内又得一残碑，只留百数十字。因上下断截不能成文，中有骈句云："文都□于胄宗，西眺辟雍，儒生盛于东观。"盖金之太学碑也。史载：大定五年，令明安、穆昆子弟，各就上京大学；后又制女真字，专立女真大学，世宗且曾临幸上京，奖导儒学。录此，借见中原文教之东渐，暨金源同文共化之迹焉。

珠河县东北，距省七百里

以县治南乌吉密河得名，就中东路乌吉密站设治。

沿革 金属上京路畿内地。《金史·太祖本纪》：英悼太子葬兴陵之侧，上送至乌济赫水而还是也。满语乌济赫，为养育之意。清光绪二十八年，于县属中东路一面坡站设巡检，隶宾州厅。民国二年裁撤。五年，丈放同宾、五常二十七处官荒。十一年，就已放官荒内西设乌珠河，东设苇沙河二设治员。十六年就乌珠河设治局改设珠河县。

形要 县治附近群山遥拱，在盆地中点。平原面积南北斜长，计二十五里。东西十里。北环亮子河，南带乌吉密河，东注蚂蜒河之巨川，中东路横贯全境。一面坡站近接县街，扼东山之口，尤擅形胜，自坡站以东，便为老岭山脉盘郁之地，土人相称逾站即为进山。故站东地概称之为东山里，站街亦称山口。商业亦盛。境内地质肥沃，胜于苇河而幅员较狭。近年平原以外之山林砍伐渐尽，唯农利之兴，犹须有待耳。全县垦熟地不及三万垧，已放之荒未垦者尚十倍之。

苇河县 东北，距省八百二十里

县治南当苇沙河、蚂蜒河汇口，就中东路苇沙河站设治。

沿革 金为上京畿内地，明设蚂蜒河卫。清乾隆朝，属阿勒楚喀副都统管辖。光绪五年，设宾州厅，县境为宾州辖地。二十八年，划东南境设长寿县，即改属长寿。民国五年，丈放同宾、五常二十七处官荒。十一年，由已放官荒内，东设苇沙河、西设乌珠河二设治局。十六年，就苇沙河设治局改苇河县。

形要 县东崇山外障，属于张广才岭系之北干，称老岭山脉。故全县地势，东高而西下。境内以蚂蜒、亮珠沙等大小河川，悉向西注，虽无航行之便，而中东路横贯县境，辅以旁行之林场铁路，实具交通之利。昔本森林地带，近年砍伐渐尽。木叶腐积化为膏腴，黑土深及三四尺或五六尺，山岭亦多有黑土盈尺者。土深而松，水壅不流，是名为甸，到处俱有，引渠溉田，尤大利所在。但农垦待辟，已放荒地四十余万垧，垦熟地者只万余垧。他时之发展，正未有量耳。

延寿县东北，距省八百六十里

县治旧名蚂蜒河，又名烧锅甸子。蚂蜒，满语肘也，谓河流湾抱如人肘也。

沿革 金属上京路。清光绪八年，设烧锅甸子巡检，属宾州厅。二十八年，改设长寿县。民国三年，因与四川省之长寿县同名，改名同宾。嗣公文邮递，每与邻境之宾县相混，因取县境山有长寿，河有蚂蜒，于十八年，定名延寿。

形要 老岭山脉蜿蜒北走，环带县境之西，与宾县为界。而毕展窝集起顶为高岭子之高峰，属苇河县。余脉亦层峦峻耸，屏障县境之东，故东西地势皆高。亮珠、长寿、乌金密等众水交流，悉入纵行之蚂蜒河，而北注松花江。县治附近，实为盆地，以东及西南一带，沃饶宜农，而河濒水际，草甸尤多。水田之利，惜仍荒弃未兴。自苇河、珠河设县，南境改属，中东路已不经县界，交通仍形利便。东西岭麓之森林犹称树海，富源未启也。

附　　录

东路林场记　中东铁路建筑之初，凡路用材料悉取之铁路附近山林。清光绪二十三年，吉省将军延茂议征木税，俄人以东路合同有用料免税之文，否认缴纳。久，始订立砍木章程，由省垣交涉局附设木植公司征纳票费，估值征百分之八，如系外售，再加征一成。准中俄人民领票进山砍木，顾并无区域限制。二十九年，乃有交涉局总办周冕，擅与公司签订砍木合同，丧权特甚。三十四年，遂派员更订正式砍木合同，指定地段，计吉省为石头河子、高岭子、一面坡三处，江省为皮络依、火燎沟两处。内有路用敷余之木植外卖，按通行税则缴税各规定。由是以路用缘由，蜕变而为俄商事业。中东路局在上述指定地段内，迄未直接经营，而华人勾结假托，纠葛丛生，遂成弊薮。其时省当局不明利害，并准俄林商修筑运木专用铁路，自一面坡站起，东至横道河子站北向之岔道四，南向之岔道二，长至百数十或七八十华里，俱与东路接轨。大概毕展窝集之西南麓与蚂蜒岭之北麓多已砍伐，在林木砍尽地方所建岔道不撤，原领林商且坐抽炭税山份，无从究诘。至民国四年，省当局始令停止放领，设木石税费局于滨江，兼征羊草、花冈石税。从事整理。计在东路旁近阿城、珠河、苇河、穆棱等县境内，共放出二十七段。属华商者五处，余尽属旧俄侨商承领。现在按年领照，砍伐者仅十四段。余多停砍或林木已经砍尽，经官厅丈放给民领垦矣。

宾县 东北，距省七百一十里

《辽志》宾州怀化军节度，本渤海城。统和十七年，迁冗惹户置刺史于鸭子、混同二水之间。《松漠纪闻》云：契丹徙置翁舍，展国于黄龙府南百余里曰宾州，州近混同江。又云：自上京百五十里至拉林河，一百十里至宾州。按辽时鸭子河即伊通河，黄龙府即今农安县。以今图证之，辽宾州应为今德惠县东北濒江之地，介居伊通、松花二水间。试再以道里计之，从当日上京会宁西行，至伊通河汇入松花江处，亦适符二百六十里之数，地址本极明显。清代于本县设治时，徒误于《松漠纪闻》"州近混同江"一语，遂治用此名，不知东西相去差以千里矣。

沿革 辽属五国部之没捻部。金为上京会宁府东境。明为费克图河卫。满语费克图，罅隙也。今蜚克图站，为县西与阿城界河。清光绪六年，建筑土城于苇子沟。八年，设宾州厅同知。宣统元年，升为府。民国二年改县。

形要　层山如重闉，障隔东境。是山之脉，南连五常与蚂蜒岭森林系纵接，环带北行，直迄松花江岸。境内河流交贯，农业适宜垦辟，年久户口称盛。惜无大川利便挽输，以夹板河口新甸，为江运之巨埠，河流亦较长。如海里浑河、乌尔河、蜚克图河，虽俱见《金史》，实涧水也。乌尔，史作乌尔呼河。全境之水尽北趋，汇注大江。

双城县北，距省五百里

《吉林外纪》：双城堡旧名双城子。拉林多欢站西北，有东城子、西城子两古城，相传为金代所建，相距甚近。

沿革　金为上京路之西南境。许亢宗《奉使行程录》：渡拉林河至矩古贝勒寨、达河寨、布达寨，皆在今县境内，金时之台站名也。元时为废地。明为阿怜部。清嘉庆十九年，因安插驻京满洲八旗，实行屯垦，置协领，隶阿勒楚喀副都统。光绪八年，设双城厅通判。

宣统元年，升为府。民国二年，改县。

　　形要　县境北临松花江，西南倚拉林河，背江面河，气势完固。四望平原，挽输便捷，灌溉适宜，农利称最。故前清之初，即已耕垦，为就农产、航途之交利，就拉林河口设置官仓。始康熙朝征罗刹，顷以储军食。其后清廷择地兴垦，量移驻京满旗开荒列戍，寓军政于屯田，设置协领管辖迁民，是为本省移垦之嚆矢。将军富俊躬自规画，计东起阿什河，西南均限拉林河，定为垦区。以五户为屯，五屯为村，合若干村堡编为一区。凡分左、右、中三区，屯堡距离，道路远近，斠若画一，其规模之宏整，为自来移垦所无。又每村各有井、碓之设备，户各有耕具、炊具之储供，虽箕帚之属亦给自公家，其待遇亦尤为优厚。然其时新来迁户，骤感塞外之苦寒，犹有逃亡。久乃安居，封殖渐臻丰厚，为吉省庶富之区。亦为文化早著之地，现在中东铁路斜贯县境，粮产输出繁盛，柳边以外称上腴焉。

扶余县西北，距省六百里

县治为伯都讷新城，蒙古语布都纳，鹁鸽也。清初，伯都讷台站为西通蒙部之边驿。康熙三十三年，另建砖城于站南，别于旧站因曰新城。渤海之扶余府，系今农安县界，非县境也。

沿革 辽为宁江州 景方昶《东北舆地考略》及金静庵君《辽东文献征略》，均考定为今扶余县西石头城子站。金灭辽，大捷于出河店，为肇基王迹于此，置肇州。州治在伯都讷城南，旧名出河店，今名珠赫城，见《通鉴辑览》，宋政和四年注。今黑龙江省，乃取金代地名而置肇州于嫩江右岸，实误。明初为三岔河卫，后被蒙古侵入，为锡卜、挂勒察两族本部。康熙时移住盛京，清廷抚定蒙人，设伯都讷站于讷尔浑之野，始画江为境。康熙三十三年，设副都统官。雍正五年，设长宁县。乾隆元年，罢县。二十六年，置理藩院蒙务主事以理蒙事。嘉庆十六年，改设伯都讷厅同知。光绪八年，移设孤榆树屯，增设巡检于此。三十二年，设新城府。民国二年，改新城县。三年，因与直隶新城县同名，改定今名。

形要 嫩江西汇洮河，纳于松花江。松花江北行至此，势为挽夺，二江即汇，遂直向东趋，形成曲尺。县境三面临江，为江水冲积层，川原广衍，廓然平野，农渔之利实溥，在昔辽朝，于嫩、洮汇流之处，建长春离宫，为常时游宴之地。金源伐辽之师自会宁东来，涞流河西岸遂为两军决战之场，辽金兴亡由是而定，于历史上盖有重要关系焉。在清初，借松花江为满蒙界线，设险守国，以满制蒙，故驻副都统于此，恃为重镇。今江外蒙疆遍置县邑，虽形势已更，而中东铁道经行东境，建有松花江之铁桥，平夷洞达，扼江航、陆转之咽喉。以一隅之地，而交通辐辏，四面引带，仍省西要区也。

附　　录

金得胜陀碑　金得胜陀碑，《吉林通志》载其全文，道光三年，旗员萨英额所录也。吉省境内，现今辽金金石留遗至鲜，惟舒兰县小城子完颜希尹碑与此石屹然尚存。光绪十三年夏，曹君廷杰摹拓数本，即将断碣瘗于赑屃南，而置额于上，今又四十年矣。曾得拓本碑文，磨泐者只十二三字，作率更体，额题"大金得胜陀碑"六字。篆额之党怀英，撰文之赵可，《金史》皆有传，惟书丹之孙侯无之，系衔作咸平府清安县令，其官微矣。拓本长官尺八尺五寸、阔三尺二寸，计此石高度必有丈许。正面汉文三十行，最长一行七十八字，碑阴十二行，女真字。碑在扶余县东拉林河西，距松花江四十里，土人名其地曰石碑崴子。拉林河西，为金太祖誓师处，即金置肇州地也。史载金祖伐辽进军宁江州，次寥晦城，诸路兵皆会于涞流水。即拉林河。金祖举酒酹国相撒改曰："他日成功，当识此地。"及战，大败辽师，遂名其地曰得胜陀云。碑云：大定甲辰，驻毕上都。明年夏四月，诏以得胜陀事访于相府，谓宜如何，相府订于礼官。礼官以为，昔唐玄宗幸太原，曾有《起义室颂》；过上党，有《旧宫述圣颂》。今若仿此刻颂建宇，以彰圣迹，于义为允。相府以闻，制曰可。考大定甲辰，为金世宗二十五年。《金史》未载此事，碑文可补史书之缺，信然。

榆树县西北，距省二百八十里

县治土名孤榆树。

沿革　辽时，为女真、契丹之国界。许亢宗《行程录》：过江四十里至呼勒希寨，又东行五里即有溃堰断堑，自北而南，莫知远近，界隔甚明，乃契丹昔与女真国界也。以地望相证，即今台站所经驿路。金为上京会宁西赴宾州孔道，置有巴达铺、呼勒希寨各驿，前清嘉庆十六年，裁撤伯都讷城蒙务主事，分设巡检二，其一设于孤榆树。光绪八年裁撤，移伯都讷厅同知治此，因称榆树厅。民国二年，改县。

形要 色齐窝集旁出之老岭山脉，至溪浪河东而尽。五常境。英额岭西出之山脉，沿松花江迂回北上，至柳边法特哈门而渐就平夷。舒兰境。县境东环拉林河，西南环松花江，平原肬肬，极目农区，地利之饶，省西称最。在辽金时代，土性瘠薄，拉林沿岸有同砂碛，洪皓《松漠纪闻》：过涞流河而西寸草不生，行人携水往还。今乃为上腴沃野，岂土宜有迁变欤。境内无雄关巨岭以为险要，然横午交贯，邮驿旁通，县南秀水甸子，为西通蒙旗之首站。文化开发，亦推大邑。

五常县北，距省三百六十里

县治土名欢喜岭。

沿革 辽时为阿延女真部，其部长辽朝曾各锡官号，《契丹国志》载：东南五节度，即此。明为阿怜卫南境。清同治八年，设协领于五常堡。东距县治三十五里。光绪六年，迁治于欢喜岭，建筑土城。八年，设五常厅同知。宣统元年，升为府。民国二年，改县。

形要　色齐窝集，即张广才岭。北出而西折，环带全县，东南两面为蚂蜒岭、鸡爪岭、庙岭诸高峰，皆外险也。自苇河、珠河设治，划境改属，形势已有变更。岭外之森林已砍伐垂尽，惟县境各山，以运输艰阻，尚多保存。农利以拉林河沿近，最称饶沃。县治位于河岸，势稍偏西，清季于县治南六十里设山河屯经历，西南九十里设蓝彩桥巡检，俱由厅辖。他时吉同路通轨纵贯全境，材木、烟麻之利，山产之富，将见逾于农业也。

附　　录

记森林　森林满语窝集，又书作乌稽。汉有南北沃沮，两晋至唐有扶余、勿吉，明有野人卫之渥集部。见前。可知自古满洲部落名称，无非取森林之意。所谓沃沮、扶余、勿吉、渥集者，特窝集二字之音转。至沃沮者，第指林中有水而言，缘森林所在障翳天日，木叶腐积，蓄水不泄，辄成沮洳。古人名其部族仍其本音,特从水取意,足征观察之适当。现今行入林中者,必携斧砍留符号于树干,随行随砍,俾归途得寻踪而出。即继往者认树上斧痕,亦识途经,否则日影不分,迷途者常致饿死或为兽食。若林中薮泽,俗名哈汤,行人尤为戒心。沙土上掩,俨同平陆,俗称此为瞎眼哈汤。过此者,当视有草根而后投足,否则陷身没顶,伴伍束手。林中下隰之地遂生飞虻,盛夏草长,蚂蟥万亿成团,大者如蝗,小如蜜蜂,喙长四五分,锐如利锥,追逐骡马,蜇吮其血,毛片为红。故马行遇此,畏其荼毒,常头摇、耳扇、蹄蹴、尾拂,终日不休,奈昏昏四集,多如烟尘,骡马被蜇至惫,不能举其体,顷间丛聚成邱,则葬身其内矣。人行故必携障面之皮罩,但露两目,亦用厚毡蒙被马身,夏日交通,殆为断绝。吉省边地商运,一年中但赖冻期,事业阻滞,此亦重要原因。据专家调查,《吉林垦殖调查会报告》,全省凡有四十八窝集,跨连二十县,实业厅主管凡十七县,滨江木石税费局管辖之沿东路林场,县属。见前。大者周围数百里,或蔓延千里。其间树类自成区域,各树相距远近若一,以光热由巅顶接受之故,树干故直,现今施用于技术上者,在松花、牡丹、图们三江流域,凡有十六种,软质叶类为红松、杉松、臭松;硬质针叶类为落叶松;软质簇叶类为白杨、椴木、青杨、柳树;硬质簇叶类为橡树、水曲柳、榆树、洋槐、枫树、桦树、胡桃、黄波罗(《东路公司地亩课查报》)。宫室、器械之材,各有适宜云。

吉林省已放森林一览表

民国二十七年七月编查。表内林段属实业厅主管,在东路旧放二十七段之外。

县　别	林场段数	总面积华方里	出材河流
永　吉	六	四三〇	松花江上游恶河,大小风门河,巨林甚少。
濛　江	三	四九六	松花江源头二道江,濛江县与桦甸县,同为吉省森林最富之区。
额　穆	二二	四·四三〇	拉法河、蛟河。
桦　甸	三一	五·六八五	漂河、富尔河。
敦　化	一二	二·一九八	牡丹江。
桦　敦交　界	二	四〇〇	牡丹岭为桦、敦界岭,东北出牡丹江,西出漂河、富尔河。
敦额桦交　界	一	八三·四二六	漂河岭为敦、额、桦三县界岭,出材河流同上。
延　吉	一〇	八七二	布尔哈通河。
和　龙	六	五七五	图们江源红溪河。

县　别	林场段数	总面积华方里	出材河流
汪　清	八	九九〇	大、小嘎呀河。
珲　春	一	二〇〇	珲春河（即红旗江）。
汪珲交界	一	二〇〇	青松岭为汪、珲两县之界岭，岭东出珲春河，岭西出嘎呀河。
宁　安	七	一·三一五	牡丹江。
五　常	五	七五六	拉林河。
延　寿	一五	一·三四二	蚂蜒河。
方　正	七	一·〇八七	牡丹江、蚂蜒河。
穆　棱	五	七五〇	穆棱河。
虎　林	一	二〇〇	大小穆棱河、七里星河。
密　山	一	一五〇	穆棱河。
东　宁	二	三五〇	大、小绥芬河。
合　计	一四六	一〇五·八五二	

说　明

上列河流除布尔哈通河、红溪河、珲春河、嘎呀河属于图们江流域，穆棱河及七里星河支流属于乌苏里江流域，绥芬河东出国界，入俄领波森德海湾外，其余各河皆流入松花江。

森林统系与山脉相联，但出材地点则系于山岭之向背，如张广才岭南，林产入拉法河、蛟河；岭北入拉林河；岭东则入牡丹江。故森林系究以河流分析为宜。即林区之优劣，亦全视河流为转移。如岭北得河川之利，森林砍伐已尽。而岭南仍为树海，每有一株亦无从搬出者，上表所记河流，第举大概。

自　序

　　鄙人赋性庸钝，自审非用世之才。既来吉林，获侍枝江曹彝卿先生讲席，始留意此邦掌故。常谓内省地理、古今沿革，前贤载籍，考订綦详，惟柳边以外，训方之学，偶有所知，每为创获，以故搜讨、记述，兴味较深，而鄙人则苦于读书不多，茫无蕲向也。时在吉长报社担任撰述，佣书余暇辄为笔记，多述风土，间亦稽引辽金史事。民国乙卯，掇拾成编，名曰《鸡林旧闻录》。体裁紊乱，特备遗忘而已。戊午岁，略加编纂，成《吉林地理记要》两卷，付印至今，十四年矣。岁月浸久，研习未废，复展曩著，错误累见，世有通才无所著述者多矣，况余无似，更何必断断于是。特以谓既留此稿，自知未洽，而任其蹐驳疵类，终不慊于心，每拟重纂，迄无成就。今春，适桦川县长唐君励轩征询拙著，嘱印千部，俾贻邑中学子。乃竭数月之力，遂卒斯业。上卷全为新著，下卷录存前稿只十之四五，余悉取之数年来案头之札记，虽曰增订，不啻创编。抑有数言，应告语诸君者。余为此书，力求去妄，凡不敢深信者，宁弃勿取。如吉省各县方里与未垦地，近时书报登载里数各殊，余竟无所据以资肯定。他如地质、地层之类，夙昔未窥门径，若剽窃充篇，誓不为也。然而本编讹谬之处，知必不免，幸地理状况人所共悉，阅余书者倘肯不耻下教，纠余谬误，余当竭忱听受。俟有三版印行之机会，必为改正，以供乡校、乡土史地之参考，似不无裨益。若云猎取声誉，余意念中固无是也。

民国二十年辛未八月初吉　武进魏声和

附 钦差盛京军督部堂
查办吉林事件案

韦庆媛 整理

附 钦差盛京军督部堂查办吉林事件案

　　吉林分巡道为详请复奏事。案蒙宪台札开，前准钦差盛京军督部堂咨开，奉旨查办吉林事件，业经奏结。兹奉到回折咨开军机大臣奉旨，另有旨。钦此。所有折内声明，应由贵爵将军督饬办理，各件自应摘录知照。为此合咨请烦查照，俟奉到谕旨时督饬吉林道等分别核办施行可也。兹于光绪九年十月二十八日准刑部咨开，奉天司案呈，内阁抄出，盛京将军管理兵、刑两部，奉天总督崇琦奏查复铭安被参各款一折等因，光绪九年九月十六日内阁奉上谕，前据云南粮储道前詹事府右赞善刘海鳌奏参前吉林将军铭安贪滥恣横声名恶劣，及启秀代为弥缝各节，当谕令崇琦确查具奏。兹据奏称：遵旨查明据实复陈并民人郭继光控告王绍元一案，请交吉林将军核办各折片。此案已革知府刘光煜前在吉林奉派查办烧锅酒税及钱当等行厘捐辄收受商人馈送谢仪钱文，合银七千两之多，情节较重，着照所拟杖一百流三千里，照例勒限追缴完赃后，发往军台效力

145

赎罪。通判刘维桢、州同朱文卿、府经历王谦，各因事收受馈送谢仪，着一并革职。知县李宴卿于刘光煜等办理税厘辄代各商请托，迭次承办谢仪，实属有玷官箴，着即行革职。县丞赵维藩，即赵建邦，因事请托收受谢仪，着即行革职，并着直隶总督饬属严拿，解交吉林将军讯办。铭安于刘光煜等实犯赃私，失于觉察，着交部议处。启秀被参各情，即据崇绮查明均无其事，即着毋庸置议，余着照所议办理。该部知道，钦此。抄出到部，相应恭录谕旨，行文该将军遵照办理。等因准此，除分别咨札外，合行抄单札饬，为此札仰该道文到即便遵照单开各节，详细分别办理，毋违，特札。计粘单一纸。等因蒙此，随查抄单内开一原参所称：前年夏，铭安为其妾作寿，府中大开筵宴，委员送剧三日，公然函致外厅饬取优伶，饮食之费浪用如泥。委员一例效尤，讲求精致，近如黄柑、紫橘、生蟹、活虾之类，吉林二百年来未见之珍异，不惜十倍其值以致之，以致阖省开筵会客竞斗侈靡。各节据密查委员禀称，询问军署当差人等及省中商民，均言将军府中男妇向未作过寿辰，惟每逢万寿圣节演戏三日，自光绪七年以后即未演戏等语。讯据该省各行商人全供省城不常唱戏，唱戏人等不能常在省城聚居。

每年六、七、十三个月，恭逢万寿圣节演戏三日，所以唱戏人等都来省城等候演戏，至光绪七年三月以后即未演戏。铭将军在吉林多年，从未听说为妾作寿演戏开筵宴客以及委员送戏之事。近来吉省因设立边防练兵添勇，又因各城放荒打地，各行买卖俱比从前兴旺。向来未有之物，如外洋货物、南方果品及橘柑之类，都由奉天营口贩运，是同治元年洋船通商以后，渐渐才多，至生蟹、活虾近年亦多有卖者等语。查据铭安复称，各情亦属相符。是为妾作寿及委员送戏饬取优伶之说均无其事。至该省现在已有外洋货，其柑橘、虾蟹之属无足珍异，似非由委员等讲求精致，始至吉省。惟侈靡之渐，诚所当防，应由该省将军随时禁戒以维风气。一原参所称，委员出示小轿盈街列肆，浑朴风气一洗荡然一节。据密查委员禀称查询，吉林省城有天津人开设轿房，备有二人小轿，无论官民男妇均可雇赁乘坐等语。讯据省城各行商民佥供，吉省街道向用木板铺垫，年久糟朽，道上便成坑坎，加以近年筹备边防，差役往来不绝，板道更易毁坏。如遇春水融化，夏雨淋潦，乘骑均不便当。所以近年就有天津人到吉省开设轿铺，出赁二人小轿。大众因乘坐甚便，且较之雇车喂养牲畜省钱甚多，无论铺户居民女眷时常乘坐。委员等乘坐之轿，即是天津人所抬二人小轿等语。查据铭安复称，近年奏调委员及拣发民官多系汉员，不惯乘骑，吉林街巷低洼，以木铺地，年久坑坎难行，该员等间有以二人小轿代车骑者等语。证诸密访，众供并无歧异。查天津人前往吉林开设轿房，备有二人小轿，官民男女均可雇赁，系属小民自谋生理，似非该委员等所能主持。惟此项小轿可否容留，应由该地方官体察情形斟酌办理，固不可任其踵事增华，亦未便或令小民失业。二节自应遵照原奏，饬令地方官随时体察情形酌办，以维风气而顺舆情。又抄单内开一原参所称，统计打地放荒加税三款，不下市钱二百余万吊，均以试办姑缓其名，以为滥支开销及放钱取息之地一节。查据铭安复称，伊通河围荒奏明开放以来，定章每垧荒价三吊六百六十文加倍收取，截至八年十一月止，共放地六万三千余垧，收过荒价钱四十九万余吊。其宁古塔、珲春因边地困苦，奏明一年以内不收荒价。三姓南冈开办尚无成效。至各城地亩系奉部文奏明，普律清丈。现在一律报竣，计共丈出浮多地二十六万八千二百数十垧。按向章每垧收取荒价钱二吊文，不追花利计，共收钱五十三万六千余吊。其烟酒木税向归吉林理事厅经征，嗣因弊窦丛生，亏挪甚巨，于光绪四年间奏归将军委员试办。不过借此整顿以裕课赋，并非有增加。历年按定额烟酒税收银二万八千两，木税变价银三千七两，或赢或绌不相上下。惟荒价一项，因所收均系抹兑帖票，不能存库，经总局经手分存殷实铺户，以为建修官署修浚城池之用。现在各处修造衙署城池，业经提用十余万吊，税款则随时交库抵充俸饷。统计三款现存不及一百万吊等语。查吉林烟酒木税，每年额征银三万一千七百两，应合市钱十万余吊。铭任内派征收四年有余，约征钱四十余万吊，合之荒价约有一百四十余万吊。除烟酒木税按年交库，又除各处建修衙署城池提用荒价十余万吊，现经详查，蔚泰厚、瑞聚号、源升庆、永生店等铺分存荒价市钱七十七万余吊。核与铭安复称尚不及一百万吊之数不相径庭。又讯据各号商等佥供所存荒价均未生息，是尚无放钱取息情事。惟此外有无征存、欠解，或格外浮收及滥行开销之处，应请饬下新任吉林将军，督饬吉林道认真稽核，以杜弊端一节，遵即检阅荒务局案卷并暗访明查，委无征存欠解或格外浮收及滥行开销之弊。又抄单内开：一原参所称打地收税各项均有罚款，约亦数十万吊，皆干没入私，偶借充赏办公为名，无不用一销百一节，查据铭安复称，各处打地定章如有浮多，每坰征收压租钱二吊文，公照费钱二百文，此外不准分毫需索。惟间有刁顽佃户以多报少，及委员到彼行绳，又不据实指界，经委员查出本应撤佃，该佃户因承种已久，不甘抛弃，情愿捐输钱文以充公用。计横道河子东四牌矫和凌等三户，共捐钱三千六百吊，西四牌李永田等七户，捐钱八百五十吊，荒沟河朱竣等五户，捐钱五百吊，均经委员禀明批交总局。另款存储，俟荒地一律放竣，再行汇案奏明办理，并无数十万吊之多。至税务并无罚过款项等语。讯据到案之矫和成及矫和凌、矫和贵等供称，捐数相符。其李永田、朱竣等报捐钱项核与送到，卷据亦相吻合，似无干没情事。至该地户等因丈出浮多地亩捐钱充公，系因免其撤佃之故。原参所谓罚款，或即指此而言。又查收税各项并无罚钱案，据讯据到案之商人范大安、刘济等供称，吉林历年收取税钱货捐，委无诬挖偷漏借端折罚各情，众供佥同，尚属可信。查打地捐款既经禀明充公，而收税又讯无罚款，是所称用一销百无凭查讯。惟用销数目岂容稍涉含混，应由该省将军于收支款项督饬详核，如有不实不尽，即行究办以重公款。遵即详核荒务局存储款项各账，其用销数目极其清楚，并无含混亦无不实不尽之处。又抄单内开：一原参所称以宾州新设百余里边厅，署厅王绍元每年勒取税钱至四万七千余吊，仅报出一万四千余吊，余与将军明分一节，讯之提到各铺户等，均不知收税数目。检查各账亦均无。王绍元存放税钱，惟该处全兴恒账内存过。王绍元历次征收税钱一万一千七百三十吊零。讯据全兴恒执事人张琢供称，厅官王绍元于光绪七年到任后，在本处设立税课总局，在腰营地方设立木税局，在蜚克图南山分水岭等处设立分局。自是年九月起至八年七月止，先后共存到该铺税钱一万一千二百二十八吊零。内有八年正月至七月各商人包纳土税钱七百吊。其七年十、冬、腊三个月，各商人交过钱三百吊，厅官王绍元并未送到伊铺收账。此外又有腰营木税钱五百二吊零，连前共存钱一万一千七百三十吊零。除提出钱七百吊退还各商外，实存市钱一万一千三十吊零。均经厅官陆续提出。其交官税银四百余两是否由此项钱内提出买银，不敢指实。并无勒取税钱四万七千余吊之说等语。遍查各账，除此项钱一万一千七百三十吊零，并无另存钱项。又查铭安咨文内，王绍元共报收税款银四百六十六两，业据解省交库等情。当以王绍元报解税银四百六十六两，与收数大相悬殊，札饬吉林道顾肇熙查明禀复，旋据复称饬据宾州厅同知李增光禀称，饬丞检查并无是案卷。据讯，据各该丞声称此项税款如何征收报解，均系前署厅自行造报，不经该房之手等语。查王绍元征收税钱，仅有全兴恒寄存钱一万一千七百三十吊零，共报解银四百六十六两，仅合市钱一千六百零八吊零。核与原参勒取税钱四万七千余吊，报出钱一万四千余吊数目均不相符。反复推求，除七年冬三月各商包纳土税钱三百吊，即经交伊未据退还亦未入账，不能任令无着，应着落王绍元之子王谦赔缴外，其寄存全兴恒税钱一万一千七百三十吊零。内开，除报解银四百六十六两合市钱一千六百零八吊零，及退还各商包纳土税钱七百吊，计应余市钱九千四百二十二吊零，究系如何报解开销，应查何项卷据，方能证明。王绍元业经身故，无凭讯知指定。应请饬下新任吉林将军，督饬吉林道将王绍元历年经手一切税课，如何报解开销之处，通盘核算，如查有侵蚀，即行着追，以重税款一节。查王绍元业已病故，无凭查讯。当经札饬吉林府传王绍元之子、已革府经历王谦查讯去后，旋据吉林府知府孙堪遵饬向王谦将七年冬三月各商包纳土税钱三百吊如数赔缴前来。当经转送在案，并据该府详称其寄存全兴恒税钱一万一千七百三十吊零，内除报解银四百六十六两，合市钱一千六百零八吊零，及退还各商包纳土税钱七百吊，计应余市钱九千四百二十二吊零，向王谦查讯究系如何报解开销。据王谦禀称，宾州之缺本系初创，当初立税务之时，革员随故父在宾州厅任内，尝闻故父云及曾向军宪面禀，试办三年，俟收有成数，将三年八款互相比较，再行酌中定拟，以免前后悬殊。兹蒙饬查革员故父绍元前在署宾州厅任内，有经征税款一项，按照全兴恒账内收存总数核计，共应一万一千七百三十吊零。内除该厅斗税钱四千五百吊，早经禀准就近划拨廉俸等项，立有案据可稽，又报出银四百六十六两，合市钱一千六百零八吊零，并退还包纳土税钱七百吊不计外，尚欠交市钱四千九百二十二吊。革员故父在生，于此项税欺因何漏报，革员虽不知底细，然详细推求，决非有心侵匿。今蒙饬查，情愿代父认赔，谨措钱四千九百二十二吊，呈缴到道。当经职道将送到钱文如数转送在案。至王谦所称前项钱文内，有斗税钱四千五百吊，早经禀准就近划拨廉俸等项等语，自应检查卷宗方能核实，当即检查王绍元前在宾州厅任内，册报光绪七年就近由斗税项下划拨，应领廉俸役食勇粮等项，曾有此款，核与王谦所禀数目相符，尚无疑义。一原参所称，王绍元每年加收宾州厅小租钱六千余吊，又每年由乡约向该厅新旧设立十六牌居民，为敛市钱一万零七百吊。又每年养勇钱七千二百吊文。又八年三月令该员之子及其义子全兴恒执事人张琢、朱文卿二人索去该厅公会商人钱三千吊，又每月包纳轿夫钱八十吊，又勒罚佃户张万昌、叶秀、杨姓、刘姓四家共市钱两万余吊。以一万吊报省，其余入己。均有全兴恒及省中恒泰钱铺本地乡约、该厅公会账目可查各节。查王绍元于此案人证未齐之前，因病身故。讯据到案之宾州厅全兴恒商人张琢供称，厅官王绍元于光绪七年秋间将伊与永发泉等七家传到衙门，谕令传知各佃民以后纳租，如愿交现钱归衙门交纳，如无现钱，每地一垧加收小租钱四十文，由铺户代为收纳，以备置买现钱。缘宾州厅现钱短少贴票换钱需要补数，是以如此办理。是年全兴恒等铺户共代收小租钱六千余吊，均经王绍元提用无存。又据乡约刘俊供称，宾州厅现共新旧十八牌，并非十六牌。向来各牌民户凡遇有递解人犯往来，各项差徭均系随时按地派钱。厅官王绍元谕令，每地一垧交钱四十文，作为差徭津贴。核计新旧十八牌民户，一年共交津贴钱一万零七百吊。自将此项交到衙门之后，遇有一切差使即不按地派钱。各等语均与查据该省转据现署宾州厅同知李增光详报相符，又据张琢供称，厅官王绍元缘城垣尚未修完，恐有马贼滋扰，因招马勇二十名护卫地方。谕令各铺户按月包纳钱三百吊。王绍元任内十个月，共交过养勇钱三千吊，委无七千二百吊之数。又据商人杜良顺、王德、阎淑慎、吕宗坤等供称，王绍元因阿勒楚喀议撤之回勇三十名甚属得力，禀请加募二十名，共五十名。蒙将军批准，在抽厘盈余项下按月提钱六百九十八吊。计一年需钱八千三百七十六吊，并非各铺户包纳各等语。又据阿勒楚喀商人刘洛耀等供，阿勒楚喀向年包纳厘捐土税两项钱，共一万六千五百吊均交副都统衙门充饷。如有盈余，即在公会存储。算至光绪七年九月间，共盈余市钱约有一万四千，缘建桥修庙花用无存。厅官王绍元将各商传案，言此项盈余系属官款，不应商人私行动用。现蒙将军交办要将各商送省，并令加倍包赔。当求委员朱文卿向王绍元求情，蒙准免送，亦不加倍包赔，仅将动用盈余钱一万四千吊如数包出。朱文卿告说，此次求情有王绍元之子王谦亦从旁代为求情。各商感激，除交纳包赔钱一万四千吊外，又馈送朱文卿谢仪市钱三千吊，王谦谢仪市钱一千吊，均交朱文卿之手，委无张琢索取分使谢仪情事。后来王绍元交卸时，将各商传去，由前次包赔钱一万四千吊内提出市钱一千四十八吊零，交各商收回，谕令归入本年厘捐内，至期再为呈缴等语。讯据朱文卿供称，光绪八年四月初间，有素识之同乡刘洛耀告称，各商公会有漏报厘捐盈余钱一万四千余吊，被将军派员查出，札交厅查求。向厅官央求免其送省，伊即用言推却。后经刘洛耀邀同众会首刘洛永、刘洛魁、周柏、张洛恒、员洛西、王洛二、孟珍等复来央求，伊当即允许其案内情节，令其当堂自求。遂将该商等求免解省情形，商同王绍元之子王谦代为求准。遂将商同王谦代求之言，向刘洛耀等说知。后来刘洛耀等八人同来道谢，并送钱帖三千吊，言系大众感激再三求收。另送钱帖一千，托为转送王谦收用。伊遂即收留并将另送钱一千吊交给王谦收下。现时情愿如数呈缴。至此项谢仪，王绍元事前并未授意，事后亦未闻之，张琢委无帮同索取分使情事等语。又据王谦供称，该商人漏报厘捐盈余一案，经朱文卿转托求情，免其解省。伊曾随同朱文卿向伊故父王绍元求准。后来朱文卿言及刘洛耀等感激前情送来谢仪钱帖一千吊，托为转交。伊一时糊涂，当即收下。现时情愿如数呈缴。至此项谢仪伊故父王绍元始终均不知情，张琢亦未帮同索取分使等语。讯据张琢供称，委无帮同勒索，伊亦非王绍元义子等语。查据该省转据李增光申称王绍元因宾州厅建造衙署、监狱，原估银数不敷，并添盖捕盗营官房工料钱文，请以阿城补交厘捐盈余一项抵补。禀蒙铭将军批，悉在案等语。又据张琢、刘俊暨公□商人杜良顺等供称，厅官王绍元并无派令商民每月包纳轿夫钱八十吊之事等语。又据宾州厅佃民杨姓，即杨玉芳，刘姓，即刘景春供称，均因丈有浮多地亩，饬令补缴荒价，杨玉芳交钱二千一百吊，刘景春交钱一千七百五十吊，委无被委员勒罚情事等语。惟查该省送到王绍元原禀揽头张万昌名下，除补交荒价外，又报效市钱四千二百八十吊，站丁柏遂名下除补交荒价外，又报效市钱八百三十吊，叶秀与张福兴名下除补交荒价外，又报效市钱四千吊。均因浮多地亩准令原佃认种，是以各原佃均各出钱作为勇费。共钱九千一百一十吊，除叶秀业经病故外，讯据到案之张万昌供称，除补交荒价之外交过钱五千六百五十吊。检查全兴恒账内实有此款。乃王绍元原禀张万昌名下报效钱四千二百八十吊，且系张万昌及佃民张鹏展、孙景智、高升、高福、安汶等六名共捐之项。人数、钱数均不相符。又据全兴恒张琢供称，自光绪五年十月起至八年腊月止，共收存王绍元所管地局交来市钱十六万九千三百七十八吊零。除汇至省城恒泰号市钱四万八千六百一十一吊零，下余市钱十二万零七百六十七吊零，均系王绍元提取无存。内有六款注明城工工程字样，共钱三万三千五百吊。其余提出之钱未经注明何款。至宾州修建城垣衙署监狱，动用何项不敢指实。又据恒泰号王子澄供称，光绪五年腊月起至八年腊月止，共收过委员王绍元地局荒价市钱二十万零九千五百九十七吊零。内有全兴恒汇到市钱四万八千六百一十一吊零。除提交文案处市钱十六万二千一百六十六吊零，王绍元陆续自行提取市钱三万七千六百零八吊。现存市钱九千八百二十三吊零各等语。以上各款除朱文卿收受谢仪市钱三千吊，王谦收受谢仪市钱一千吊，应得罪名另行拟办。恒泰号提剩荒价市钱九千八百二十三吊零，如数归公外，原奏谓宾州厅地方每月包纳轿夫钱八十吊，既据乡约刘俊暨各该商人等，均称并无其事。此外无从究诘。至每年加收小租市钱六千余吊，计每垧合市钱四十文，系因帖票换钱尚需补数之故。新旧十八牌每年摊市钱一万零七百吊，每垧亦合市钱四十文，系因预备各项差徭，以免遇事推派。养勇市钱每月三百吊，系因城未修齐，借以护卫地方。追缴商人刘洛耀等厘捐盈余市钱一万四千吊，系属稽查漏报并禀明抵补工税不补钱文，其事均属因公，似非暴敛。惟开销各费是否为该处必不容已之项，抑或借端冒销，其由全兴恒、恒泰号提取各荒价是否全数归公，抑或影射入己，至全兴恒账上，张万昌交钱五千六百五十吊，与王绍元原禀报效勇费清单内人数、钱数既不相符。其柏遂等七名，叶秀与张福兴等六名，报效市钱数目是否属实，并难凭信。第应检查何项卷宗，方能缕晰条分毫无疑义。王绍元业经病故，无凭讯明指提。且查据该省复称报解荒价，均系呈报总数，一时无从分析，谅系实在情形。应请饬下新任吉林将军，督饬吉林道，将王绍元经手以上各款通盘核算，究竟开销若干、报解若干、存剩若干及报效勇费各户，应行就近挨户查询之处，一并核实办理。如查悉系王绍元侵吞确数，应即着追以儆苛敛。至现署宾州厅同知李增光详报各情，有无代王绍元弥缝之处，亦应由该将军督饬查访，免滋弊混。等因蒙此，以上各款除已蒙钦差查讯明确者毋庸再查外，其每年加收小租钱六千余吊，计每坰合钱四十文，系因帖票换钱尚需补数之故。查宾州厅地方青钱短少，系属实在情形。所收帖票换钱尚须补数，亦系因地制宜变通办理。第恐行之日久，不免渐滋流弊，现已饬令所有租项一律征收青钱，以杜弊端。至新旧十八牌每年所摊市钱一万零七百吊，虽系因预备各项差徭以免遇事摊派起见，第日久亦恐滋弊，现已一律禁止，以防影射。其摊派养勇市钱每月三百吊，因城未修齐，借以护卫地方。查前项马勇，该厅自设立捕盗营，业已撤裁，应毋庸议。其追缴商人刘洛耀等厘捐盈市钱一万四千吊，抵补工程不敷钱文，曾据禀准有案。以上各款均属因公，职道复加查访，尚无借端冒销情事。其余应查各节，当经移会荒务局，并札饬吉林府宾州厅分别查讯去后。嗣准荒务局移称，准此。随即检查王绍元经手丈量阿勒楚喀东荒地亩卷内，曾据该员禀称，自开丈之日起至报竣之日止，通盘核算先后共收荒价等项钱二十二万一千七百四十九吊六百五十七文。内曾据禀明，就近划拨建造宾州厅城池、监狱、各衙署等工，共钱九万二千一百零四吊六百五十文。又就近划拨该厅廉俸、役食暨捕盗营弁勇置买军器，发放饷干等项钱九千五百六十六吊九百零二文。下余钱一十二万零零柒十八吊一百零五文，业据该员迭次解蒙宪辕批示，饬发文案处，移送荒务局存储。此外，该员并无经征未解之款。核与原奏内，据恒泰号王子澄供称，光绪五年腊月起至八年止，共收委员王绍元地局荒价市钱二十万零九千五百九十七吊零，尚属有盈无绌等因，移复前来。又据吉林府知府孙堪祥据王谦供称，其全兴恒账内收存各款均已如数提拨无存。惟查恒泰号账内，革员故父在生时所有收取荒价并本身薪水廉俸及挪借来往各款，均由该铺存记。初次奉派办理地局，先后陆续由该铺借垫川资局费一千数百余吊。嗣于试署宾州厅任内拨发。廉俸、办公役食、捕盗营勇饷干各项，以钱合银，共计垫发钱一万四千余吊。除由宾州厅征收本年斗税钱四千五百吊，如数划抵外，净由恒泰号借垫钱一万余吊。嗣经禀明军宪，准由荒价项下借拨归补，当向该号告知。该号因来往账上欠伊铺市钱一万余吊，应拨荒价仅止九千五百六十余吊。再加革员故父浮存薪水各项钱二百五十余吊，共计九千八百二十余吊不敷抵补。该部欠款欲如数措足再行过账，以免款目零星胶葛。正在查算间，即蒙奉省资提，更不便私自□结，致滋疑惑。是以将原账呈堂。以上各情，该号商人王子澄于在奉堂讯时，曾经声明在案。是此项钱文实系应归恒泰号之款，并非荒价尾剩，亦非革员故父侵蚀入己，有屡次禀案可查。乞查核分析明白，饬令该号收账，免其归公。庶该商不至再向革员索讨，公私得以划清。否则不惟恒泰号因借垫公项转致受累，即革员故父前此禀明借拨之款，

又复无着，更从何处请领。且无端添此归公一款竟至
九千八百余吊之多，与原报荒价收销各数均不相符，
谓之荒价则荒价已经报竣，并不短少。伏望详查，免
其归公，不胜哀恳等语，由府详转前来。职道查王绍
元所存恒泰号钱文提取外，尚剩市钱九千八百二十三
吊零，是否系荒价征存未解之款，应以王绍元经手荒
价已未解□为断。兹既移准荒务局查明，所有王绍元
经手征收荒价均已如数报解，禀拨清楚。恒泰号所存
之九千八百二十三吊零，核与荒务局移称，王绍元经
手丈量阿勒楚喀东荒地亩，原禀内所请划拨廉俸等项
数目又相符合。差传恒泰号王子澄，已先期回直隶临
榆原籍，该号令执事人杨成山来案候讯，提讯供词与
王谦所禀无异。其为王绍元先向该号借垫，由荒价项
下借拨归补之欺无疑。应请奏请将恒泰号所存之
九千八百二十三吊零免其归公，赏还该故员之子王谦，
俾得归还垫款。又据署宾州厅同知李增光详称，遵即
饬差将站丁柏遂、柏万春、柏群、柏万林、柏杰、于
景亮、于景存、张万昌、孙士葆、高福、高升、安汶
等带案逐一讯明。张万昌等各户报效勇费统共计钱
一万一千八百六十四吊九百三十二文，理合详请核办。
等情到道，复经转饬吉林府，饬令王谦将短交之款呈

缴去后。旋据吉林府知府孙堪呈据王谦禀称，窃革员故父绍元，前在吉林奉委查丈苇子沟地亩，有经收勇费钱文原禀各款，与民人张万昌等所供数目不符。此项勇费，革员因未曾经手，不知确数，今蒙札饬，现署宾州厅李丞查明张万昌等名下，共计报效勇费市钱一万一千八百六十四吊九百三十二文，饬令作速呈交。查革员故父在生，已经禀出勇费钱文共有九千一百一十吊，有卷可查。照李丞现查之数核计，尚有漏报勇费钱二千七百五十四吊九百三十二文，情愿如数代父赔缴，以清款目。至革员故父于此项勇费，当初如何漏报，革员虽不知底细，然究其实在情形，断非容心侵匿，请查核转请验收等情，由府详送到道。当经职道将送到钱贰千七百五十四吊九百三十二文呈送宪台，查收有案。至王绍元报出之勇费钱九千一百一十吊，亦经查明，委系禀明因公动用，批准在案。惟王绍元漏报税款钱四千九百二十二吊，漏报勇费钱二千七百五十四吊九百三十二文。如本有应得之咎，第究系如何漏报，王谦不知底细，无从深究。且已据王谦将前项钱文如数代父赔缴，王绍元业已病故，应请毋庸议。至署宾州厅李增光先后详报各情，遍加查访，尚无代王绍元弥缝情事，亦毋庸议。又查原奏所称，已革河南知府刘光煜、已革吉林候补通判刘维桢，并已革候选州同朱文卿、已革候选府经历王谦并姜民善，应缴各赃均已如数追完。随时遵照原奏分别详办，呈送宪辕在案。惟宋培绅应缴赃钱四千三百五十四吊尚未缴到，应饬吉林府赶紧着追，另文详办。前署吉林厅同知陈治，经保释放之李幅饬缉获日，再行分别办理。郭继光控告王绍元一案，业经委员赴宾州厅查明，并饬据吉林府讯明，实系事不干己，逞私挟制。禀蒙宪台批饬，将郭继光照例拟以杖枷递回山西原籍管束在案。其余各节，均应遵照原奏随时分别办理。所有遵饬查明各款缘由，拟合据实详复宪台查核复奏。为此，备由具呈，伏乞照详施行。